青蓝文库

青蓝文库

# 预约合同制度的构建

## 基于《民法典》的时代背景

范硕 著

中国法制出版社
CHINA LEGAL PUBLISHING HOUSE

# 问渠那得清如许

经过两年多的策划和工作，《青蓝文库》终于面世了。这中间，凝聚了很多人的努力和期待。中国法制出版社邀我写一个总序，考虑到丛书包涉法学各个专业，自己所学狭薄，我一开始有些犹豫。但又想到司马迁所言："序者，绪也，所以助读者，使易得其端绪也。"参与和见证一段历史，无形中就承载了记录绍介的义务。读者可能希望了解到这套文库的来龙去脉，如果我的序能够有所帮助，那还是义不容辞的。

说来话长。这套文库的大致雏形，最早涌现于 2016 年 3 月某日，中国法制出版社的马颖女士与我在陈明楼办公室的一番叙谈。马颖在法律出版界是资深编辑，那时刚接任编辑六部主任一职，很想为法制社的学术出版再开局面，拓展出一些新气象。而我自己当时手头文债积压，并无新货，于是，我们就聊到其他出版项目，其中就包括，法制社打算资助出版一批优秀博士论文。

如所周知，博士论文凝聚了一个人以学术为业的最初心血，是他走上学术之路的叩门砖，意味着从汲取导向的学生，开始向创新导向的学者蜕变。而且，从学术史经验来看，博士论文中也不乏经受住了时间检验的经典之作。尽管意义与价值如此之大，但是，在当下的出版环境中，博士论文出版却非常之难。一来，是由于纯粹的学术著作的受众市场本身就非常狭小；二来，在逼仄的市场中，书的销量和效益又往往与作者的知名度挂钩。于是，一个名不见经传、初出茅庐的学者，捧着手中新鲜出炉的博士论文，既不容易得到学术市场的认可，也因此很难获得出版社的支持。名家大腕被争相约稿，而刚出道的新人，即使自掏腰包自费出版，恐也难逃被冷落敷衍的命运。所以，尽管每年中国的法学院校里有很多博士生毕业，但是，即使是其中最优秀的博士论文，想要立即出版也非易事，往往是“养在深闺人未识”，直到作者闯出腕儿来、有了学术名声的那一天，蒙尘的明珠才可能绽放光芒。

然而，此时出版，已有些错过，不再是学术新人最渴望自我肯定和向学界证明的迫切时机，也不是学者在最艰难的出道之初，最急需的支持和鼓励，因而，可能只是锦上添花。过往，中国人民公安大学出版社的《北大刑法博士文丛》，以及武汉大学出版社的《武汉大学刑法学博士文库》，为很多刚毕业的刑法博士提供了论文出版的平台，成就了他们人生中的第一本书，那是颇有高义的雪中送炭之举。不过，这两套文库作者限于特定高校和刑法专业，影响不免有限。如今，法制社有意精心打造一套文库，推出全国法学院各专业的优秀博士论文，这种对学术新人鼎力相助的力度，可谓前所未有，出版社的学术情怀和社会担当更是令人敬佩。因此，当听到马颖提出这个出版计划并征询我的具体建议时，我也感到很振奋，愿意尽自己绵薄之力，帮助她绘成这个蓝图。

我当时向马颖建议，可以通过民间渠道邀请一批中青年学者，而非官方机构来遴选优秀论文。这不仅是由于，机构评选论文的形式已成窠臼，更主要是考虑，如果评审人与被评审人年龄代际相近，那么无论是个人的学术潜质还是论文情况，都一定更为熟悉。而且，相对于年长的学界大家来说，中青年学者距离在毕业前后的艰难岁月中努力跋涉的经历，时间还未久远，因此，对学术新人出头的不易，以及博士论文出版的困难，大都有尚未淡化和忘却的切身体会，可能更愿意去投入精力帮助后来人。加之较少社会杂务，更多爱惜学术羽毛，评选上也会更加认真、负责和公允。

马颖是个很有决断力的人，她听了我的建议后，完全赞同这个新的民间方案，并请我推荐和联系编委会人选。我被马颖的热诚感染，受她之托，给一些学界朋友打了电话。大家在了解到这个出版计划后，几乎都是毫不犹豫地应允下来，愿意义务承担审查来稿和推荐优秀论文的工作。编委会的人员组成很快就确定下来。这也让我颇有感触，一个有情怀的出版项目，不需要多少鼓吹，自会焕发出它的光彩，吸引和召唤着有学术责任感的学者们汇集。

万事俱备，只欠开会。2016 年 4 月 18 日，第一次神仙会胜利召开。根据出版社的记录，第一次与会的学者名单如下：车浩、陈新宇、侯猛、劳东燕、雷磊、栗峥、王莹、许德峰、张翔、张龑、赵宏、朱腾、谢海定。舒丹、马颖、王雯汀三位法制社编辑策划主持了第一次聚会。聚会之日适逢当年的北京电影节，于是，由我提议，大家在小西天附近餐叙后，又集体遛弯到中国电影资料馆，看了一场银河映像系列之《暗花》。从电影院出来，仍然意犹未尽，找了一处胡同里的茶馆继续聊。

这次聚会颇有成果。商定的内容包括：(1) 在全国范围内面向各个高校和专业征求优秀论文。(2) 采用作者自荐和编委推荐两种方式确立稿源。(3) 编委会的工作制度和推荐评审的义务。(4) 兼顾图书质量和出版规模等基本理念和规则。其实，答应参与编务的学者，虽然是法学各个专业里出类拔萃的青年才俊，但毕竟有学校和专业的隔离，相互间并没有想象中那么熟悉，甚至是闻名已久但从未谋面的神交，是《青蓝文库》这个出版项目中包含的学术理想和情怀，调动了每个人的学术热忱，大家才聚到一起来。每个人都很珍重自己的责任。在集聚餐、喝茶、看电影于一体的聚会中，严肃活泼地讨论了问题，达成了共识，像这样的交游轶事，对我们每个参与者都是很奇妙的体验，也是一次弥足珍贵的回忆。

第一次聚会后不久，法制社就在征求各位编委意见的基础上，面向全国，推出了正式的征稿启事。“《青蓝文库》是由中央级法律专业出版社中国法制出版社创设的重大出版项目，专门出版中国法学专业优秀博士学位论文。文库旨在发现有潜质的学术新星，为法学博士论文的发表搭建优质平台。文库支持和推动高校不断推出创新性成果，与学界一起探索和确立中国法学博士论文的优秀标准。”这份启事，包括我本人在内，多位老师参与修改润色，应当说，完整地表达了出版社编辑和我们编委会成员的共同心声。

在这份启事中，中国法制出版社郑重承诺：《青蓝文库》的出版无需任何资助；出版社会精心打磨每一部作品，以精美的版式设计和装帧风格匹配作品的学术价值；对《青蓝文库》的出版成果，出版社会积极联系各学术刊物、报刊媒体、学校官方平台等进行大力宣传；每一年度出版社将邀请出版论文作者参加“青蓝出版沙龙”，享受一次打破学科专业界限相互交流的盛会。显而易见，这些承诺如能一一实现，那么，进入《青蓝文库》，对于博士毕业的学术新人在学界影响力的彰显和提升，将会有极大的助力。这可能是青年学者能在国内出版界得到的最好的亮相机会了。当然，这份启事中也写明了我们这些编委的承诺，即编委会成员将尊重学术研究视角和立场的多元化，本着充分的学术包容精神，对挑选出真正有价值的论文怀有使命感，力求评选结果客观公正。

出版社与编委会的第一次碰头议事，设在小西天，以独特的方式，取得了非常好的效果。在其乐融融的气氛中，沟通了感情，增进了对《青蓝文库》这项共同事业的认同度和使命感。可能是受此激励，三个月后的一个周末（2016 年 7 月 23、24 日），马颖很快又趁热打铁组织了第二次编委会会议，地点设在京郊。报到当天下午，大家就开始了分组审稿的工作。第二天，在北京实创西山科技培训中心，召开了正式的评审会。针对符合征稿要求的21篇博士论文，按照“严格筛选、宁缺毋滥”的原则，以编委的个人初审为基础，经过分组审稿、分组讨论以及集中评审后，编委会成员进行匿名投票。再由出版社统计全体编委的推荐意见，当场公布获得三分之二（即12名以上）编委推荐的论文名单。针对入选的论文，编委会确定一至两名编委，综合全体编委的修改意见，会后与论文作者直接沟通，提出完善建议。至此，第一次评审会圆满完成，共评选出4篇优秀论文，作为《青蓝文库》第一批次推出的作品。

这是一次非常成功的论文评审会。这首先得益于，马颖、王雯汀、罗莎、侯鹏、吴宇辰等几位出版社的编辑及工作人员，为这次评审会付出了大量的心力来准备、策划和安排。其次，参加评审会的编委会成员，包括陈杭平、侯猛、劳东燕、雷磊、栗峥、王莹、许德峰、尤陈俊、张翔、张龑、朱腾、赵磊以及本人在内，都本着珍重这份责任的态度，对评审投入了很大精力。会前，出版社就已经通过邮件把论文发给了编委进行预审，等到开会当天，各学科组的编委对所推荐论文和存在争议的论文讨论得非常深入，争论得也十分激烈，可以说是充分且坦诚地交换了意见。

之后很长时间，我都常常想起这次令人难忘的评审会。马颖等各位编辑老师的策划安排，可谓煞费苦心。会议所在之地离龙泉寺很近，龙泉寺是全国有名的佛教古刹，出过很多高僧，常常以现代人喜闻乐见的方式传播佛法，寺内香火旺盛，游客如织，置身其中，感受到一种出世般的内心宁静，但也不会斩断与人间烟火的勾连。浸染在这种情绪中，特别适合投入接下去的评审工作。因为学术一途，本来也是素心人之事，要能脱心志于俗谛之桎梏，而付出精力去评审和推荐他人的论文，更是要有一种对学术共同体的使命感。所以，我觉得法制社的这次会议策划颇有禅机、值得回味。

半年之后，我们又在法制社的会议室召开了第三次编委会，也是第二次论文评审会。有了前两次成功的会议打下的基础，编委会磨合日趋顺畅，后面的评审会就进入了良性运转的正常轨道。值得一提的是，在几次会议中，大家逐渐达成一项共识，即《青蓝文库》支持的对象，不仅仅是优秀论文本身，而且是论文作者的学术之路。因此，虽然论文质量不错，但是作者博士毕业后就不再从事学术工作的，原则上不纳入出版计划之列。

受命作序，回想往事，点点滴滴都涌上来。这样不厌其详地叙述过往细节，正如开头所言，因为要向读者诸君讲述《青蓝文库》的来龙去脉，希望文库的每一位作者都能记住历史。法制出版社多次表示，他们有能力、有信心将《青蓝文库》的项目坚持下去，十年、二十年甚至更久。我也相信，未来将有更多的青年才俊，以这套文库为阶，走上学术舞台的中心。序中所记，是在这套文库诞生过程中，出版社编辑和编委会成员付出的热情和心血，当然，肯定还有很多我不了解的幕后工作无法呈现。我一直认为，缺乏学术传承和积累，是中国法学曾被人讥为“幼稚”的重要原因。而学术传统的形成，不是某一两个人甚至一两代人就能毕功的事业。我们每个人，都是在无尽的历史长河中来承担各自的使命。我们努力完成自己的作品，也不要淡忘先行者的努力和恩惠，同样，有能力时，更应尽力去帮助和支持学术之路上的后来人。由此，学术共同体才可能写下历史记忆，中国法学才可能形成绵延不断的积累。

问渠那得清如许？我想，年轻学者们锐意十足的作品、学界同仁间相互守望和提携的赤诚、出版界襄助学术的热忱，就是那永不枯竭的源头活水吧。愿中国法学的学术传统涓涓不息，清水长流！

是为序。

车浩

2018 年 4 月 9 日于北大陈明楼

# 推荐序

范硕博士的这本专著来自其博士学位论文，是在该论文基础上修订而成的。在最初看到范博士的书稿时，我立刻想到了澳门大学法学院唐晓晴教授的大作《预约合同法律制度研究》。

我和晓晴同于2003年从中国社会科学院研究生院博士毕业，其学位论文正是前述的同题著作。在论文答辩前，承蒙他的信任，我提前拜读了他的大作。《预约合同法律制度研究》于2004年在澳门出版后，晓晴送了我一本，我又读了一遍。之后，在撰写相关论文时再细读相关篇章，还加以引用，有了更深层次的理解。除了一流的英语和葡萄牙语，晓晴还能听说西班牙语、意大利语和法语，基于这样的语言能力，再加上他所处的地域位置，晓晴的作品向来侧重于参考源自这些语言背景的著述，同时也综合了包括我国、德国在内的其他各路素材和知识，故而，他的作品一贯用功至深，说理通透，很令我受益，《预约合同法律制度研究》自然也不例外。

可能是因为晓晴的大作已先入为主地深印在我脑海中，初看范博士的书稿时，我觉得与晓晴的大作相比，范博士的书稿无论在阐述深度还是资料运用上都有极大的提升空间。不过，我清醒地认识到，观察事物的角度和标准是多样的，千万不能被自己的固有观念所局限，必须尝试着尽力跳出来，从别的维度切入进来，再审视范博士的书稿。而且，我也知道，晓晴的大作有其特有的问题意识，是那个特定时空背景下的历史产物，小20年过去了，我国的预约合同制度在学理和实务上都有不小的发展，在这样的时空变化中，范博士的书稿绝对是有生命力的。

于是，我沿着范博士的思路，又仔细阅读了一遍书稿。我发现，书稿立足于我国实际，较全面地收集、整理、参考了域内外的相关学理，还较细致地展示了实务立场，内容可读性强，结构很完整，特别是其中有关预约和本约的关系、违约损害赔偿范围等阐述颇有力度，对实务问题的解决有相当的指导意义。当然，问题也不是没有，并且还不少，但在我看来，它们都不是根本的，修改起来难度不大。

我把自己的意见和建议反馈给范博士，他很认真，花了半年的时间进行了修改，又寄给我看。在我的印象里，有这种态度的年轻人并不常见。我认真读了一遍，感觉修改后的书稿提升了不少，实质问题都改善了，但仍有可改进的空间。本着“好为人师”的态度，我又把意见和建议反馈给了范博士。这次的难度不大，他的修改进度不慢，这本专著就是再次修改后的成品。

据范博士讲，他在修改这本专著时，特意请教了他在美国留学时的合同法教授，进而充分理解了美国法的制度和学理，知其然并知其所以然，澄清了一些误解，这对于后来者是有很大意义的。比如，“preliminary agreement/preliminary contract”和“precontract”看上去似乎没有区别，把前者直接类比为预约合同似无不可。但这本专著提醒我们，这种认识不妥，它通过回溯性的分析，阐述了英美法为何无需预约合同，并对相关的理论分类进行了辨析。客观地讲，尽管这些阐述和辨析是简要的，但足以起到警醒和补足的作用。

范博士在修改时，特意再次总结和梳理了法院的裁判思路，在预约合同方面形成了相对全面的裁判数据库，这就为问题以及分析的在地化提供了坚实基础。能确保这本专著不仅仅是在说别人家的孩子，还知道怎么养好自己的孩子。的确如此，正是通过理论和实践的充分结合，这本专著明确了意向书、预约合同和本约合同的递进关系，特别注重合同必要条款对于厘定预约合同边界及其救济机制的作用，基于合理的考量限定了违约损害赔偿的适用，而这些都是司法目前面临的困惑和问题。

这本书稿成于《民法典》颁布之际。在相关司法解释的基础上，《民法典》第 495 条规定了预约合同，范博士闻风而动，把这条规范融入进来，尽力给予妥帖解释，相信这对于该条将来的理解和适用都将有很大的帮助。

这本专著与晓晴的《预约合同法律制度研究》一样，都源自博士学位论文，都是从民法角度探讨预约合同，同质度太高了，不由得让人有对比的冲动。没有对比就没有伤害，一对比方显英雄本色。对比而言，这本专著没有被《预约合同法律制度研究》压住光彩，充分显示了“后浪”本色。

据我有限的了解，唐晓晴的《预约合同法律制度研究》应当是专题研究预约合同的第一本汉语法学专著，而范博士的这本专著应当是我国内地专题研究预约合同的第一本法学专著，它们接力而行，持续推动着预约合同法律制度的深入研究，可喜可贺！

常鹏翱

2020 年 8 月 9 日于北京大学法学院

# 序

该书是范硕基于他的博士毕业论文创作、改进而成。作为范硕的博士生指导老师，看到学生的博士论文即将出版问世，我感到由衷的欣慰与高兴。

预约合同不论是在法理上还是实务中，都是极具特殊性的合同。在我国司法实践中，预约合同的问题尤为突出，特别是在房地产领域，存在大量具备商品房买卖必要条款的认购书，法院要么根据我国《商品房销售管理办法》第 16 条的规定，肯定若具备商品房买卖合同的主要条款，则该认购书“名为预约，实为本约”，一方违约时，预约权利人当然可以请求对方履行订立本约的义务，要么认为认购书的性质仍为预约，由此带来的同案异判问题不容忽视。预约合同与本约合同、无合同拘束力的认购书和意向书之界别，预约合同成立的必要条款，预约合同效力以及违约救济途径等都是当前亟待回应的问题，怎样科学且有效地解决这些问题，需要深入地考察和研究。

经过三年的深耕细作，范硕已经对预约合同制度形成了自己的一套较为成熟的理论，文章以问题为主线，深度揭示了预约合同的特性和功能。总体来说，本书文笔流畅、结构清晰，研究范围基本涵盖了预约合同在我国司法适用中的所有问题，值得推荐的亮点在于：其一，本书对预约合同的权威文献做出了较为详细的梳理，就实务中涌现的问题，加以实证分析，且提出了独到的主张，对我国未来司法实务的开展，具有一定参考价值；其二，本书放眼域外，并综合国内已有的实践与域外经验，针对我国立法语境下预约的成立标准、效力认定、违约救济体系，提供了一套独立的理论架构，为深度理解与适用我国《民法典》第495条奠定了完备的理论基础。

预约合同的研究范围虽有限，但“小题大做”更能彰显水准和态度，经过三年的不断沉淀，范硕无论是在学术研究，还是在文章写作上，都有很大进步，这是作为指导老师最深感慰藉的地方。现在范硕已经到中国政法大学博士后流动站继续从事科研工作，该书的出版不仅是对他博士学习阶段的总结，也是以后科研工作的开端。学术之路，道阻且长；行则将至，做则必成。希望范硕在以后的学术研究中继续努力、勤于思考，一以贯之，为学界结出更多的硕果。

是为序。

余延满

2020年8月于武汉珞珈山

# 目 录

# 绪 论

## 一、研究背景及意义

经济的快速全球化、共享经济时代的到来以及我国社会主义市场经济持续快速的发展，无不促使着市场主体间的合作日益频繁和紧密。合同作为市场主体合作的重要载体与工具，一直具有不可或缺的地位和作用。近年来，随着全民法律意识的逐渐提高，缔约者对缔约活动变得更为严谨和慎重，缔约过程往往变得冗长和复杂，合同类型及订立方式亦变得多元化，由古典契约理论所构造的传统且单一的“要约—承诺”模式已无法完全满足当前市场交易的需要。[1]

缔约进程中，当事人对各个事项达成合意并非想象中那么一帆风顺，一个合同的成功缔结，往往经历了反复的洽谈和磋商，面对已经达成的合意条款以及稍纵即逝的交易机会，当事人视同至宝。并且，一旦当事人进入某项合同的缔约阶段，往往就不再关注甚至放弃其他同时存在的交易机会，此时仅给予其缔约过失责任制度的保护并不理想，对当事人来说也欠缺足够的安全感。如此，便在市场交易中出现了当事人基于他们的意思自

[1] 李开国、张铣:《论预约的效力及其违约责任》，载《河南省政法管理干部学院学报》2011 年第 4 期。

治而作出的“事实行为”，即先达成一个契约固定和确立双方的交易及已达成的事项，并在这个契约中约定以后有订立最终合同的义务。这种契约被中外学者一致称为预约合同（precontract）。[1]

预约合同因其特有的功能得到了市场主体的青睐，并在市场交易中扮演着越来越重要的角色，域外很多国家或地区都通过立法对其加以明确规定。自《法国民法典》首次以法律的形式规定以来，意大利、西班牙、葡萄牙、德国、瑞士、俄罗斯、墨西哥、埃及等国的法律，我国澳门特别行政区的法律以及我国台湾地区相关规定均在不同程度上对预约合同予以确立。当前，我国的市场交易中预约合同已得到了广泛的应用，关于预约合同的纠纷案件也日趋增多。笔者就我国裁判文书网中关于预约合同的纠纷案件进行检索，发现截至 2020 年 5 月 28 日，裁判文书内容中含有“预约合同”的就有 33436 件，案件名称中含有“预约合同”的案件数量高达 9411 件。[2] 但是，较于司法实务中的纠纷增长，我国关于预约合同的适用规则却显得滞后和不足。

近 20 年来，房地产领域发展迅速，预约合同纠纷也主要集中在该领域，面对多数问题无所适从的局面，最高人民法院于 2003 年 4 月颁布《关于审理商品房买卖合同纠纷案件适用法律若干问题的解释》（以下简称《商品房买卖合同解释》），其中第 5 条就商品房交易中一些协议性质的问题作出了回应：“商品房的认购、订购、预订等协议具备《商品房销售管理办法》第十六条规定的商品房买卖合同的主要内容，并且出卖人已经按照约定收受购房款的，该协议应当认定为商品房买卖合同。”该条文的颁布，被学界广泛认为是法律（广义）对预约合同的间接确认，但并未触及预约合同在司法适用中的诸多问题，在很多学者看来，其仅仅是确立了在预约和本约不好判定时，以本约合同为原则的立场罢了。参与起草该司法解释的

---

[1] Black's Law Dictionary, 5th edition, West Publishing Co., 1979, p. 1060. Precontract, a contract or engagement made by a person, which is of such a nature as to preclude him from lawfully entering into another contract of the same nature.

[2] 中国裁判文书网，http://wenshu.court.gov.cn，最后访问时间 2020 年 5 月 20 日。

最高人民法院民事审判第一庭在其后编著的《最高人民法院关于审理商品房买卖合同纠纷案件司法解释的理解与适用》中这样表述："囿于理论准备之不足，该司法解释只是竭力将预约合同朝一般性的本约合同靠拢而已，至于预约合同本体制度则仍付阙如。"[1]

2008 年第 4 期的《最高人民法院公报》中，最高人民法院首次以官方刊物的形式刊载了具有预约合同定义、效力以及责任承担形式等内容的案例，即预约合同一般指双方当事人为将来订立确定性本合同而达成的合意。预约合同生效后，双方当事人均应当按照约定履行自己的义务。一方当事人未尽义务导致本合同的谈判、磋商不能进行，构成违约的，应当承担相应的违约责任。[2] 但这对于以成文法体系为法律构造及适用的国内法而言，并没有太大的价值与意义，在此之后关于预约合同的司法裁判结果出入依然很大。

2012 年 5 月，最高人民法院公布《关于审理买卖合同纠纷案件适用法律问题的解释》(以下简称《买卖合同解释》)，第 2 条规定："当事人签订认购书、订购书、预订书、意向书、备忘录等预约合同，约定在将来一定期限内订立买卖合同，一方不履行订立买卖合同的义务，对方请求其承担预约合同违约责任或者要求解除预约合同并主张损害赔偿的，人民法院应予支持。"尽管该条司法解释仅就买卖合同的范畴内确立了预约合同的适用，但系我国法律规范上首次对预约合同进行表述，具有积极的理论和实践意义。不足的是，关于买卖预约合同的定义、界定、法律效力及违约责任等问题并未涉及和解决，理论和司法实践的分歧之争依旧激烈。

2020 年 5 月 28 日《民法典》公布，其中合同编第 495 条备受瞩目，第 1 款规定："当事人约定在将来一定期限内订立合同的认购书、订购书、预订书等，构成预约合同。"第 2 款规定："当事人一方不履行预约合同约定的订立合同义务的，对方可以请求其承担预约合同的违约责任。"将预约

[1] 最高人民法院民事审判第一庭编著:《最高人民法院关于审理商品房买卖合同纠纷案件司法解释的理解与适用》，人民法院出版社 2015 年版，第 66—72 页。

[2] 该案例名称为：仲某某诉上海市 J 房地产项目开发有限公司合同纠纷案。

合同纳入民法典可谓意义重大，体现了预约合同在现代民法体系中的重要性。通过对比《买卖合同解释》第2条可以发现，具有以下变化：（1）预约合同的常见形式排除了意向书和备忘录；（2）适用范围上不再限于买卖合同；（3）救济路径上删除了请求违约方解除合同并主张损害赔偿的内容。这一变化明确了守约方向违约方主张承担预约合同违约责任之权利，但既然以合同确立之，第2款就显得理所当然。诚然，这种“列举+注意规定”的简单表述不足以为司法实务提供明确的适用标准，反而会在某种程度上加剧学界对《买卖合同解释》第2条或然关系改变的无谓揣测和探讨，对实务中问题的解决并无实质意义，可以说仅仅是将司法解释的内容上升至民法典而已。

预约合同诸多适用问题亟待解决，预约合同制度的构建符合当前司法实务的需求。虽然当前我国理论界对预约合同的讨论并非鲜事，但仍缺乏全面的、实证的、体系化的理论研究成果。笔者试图将国内外关于预约合同问题的研究成果进行梳理，探寻预约合同的缘起和流派，以预约合同的特殊属性为主线，注重预约合同的价值和功能，通过翔实的实证分析研究，提出适宜我国司法实情的问题解决方案，并冀望以有“社会生活百科全书”之称的《民法典》颁布这一历史契机，通过合同编所构建的预约合同框架，开展系统论述，构建完备的预约合同制度，为司法实务中相关问题的解决提供参考；为学界后续的预约合同研究抛砖引玉，促进理论更长足的发展。

## 二、研究现状

### （一）域外研究现状

域外有很多关于预约合同的表述，如日本著名法学家我妻荣教授认为，预约与正式契约是相对应的概念范畴，其实质上是能够使双方当事人在未来产生正式契约关系的契约。[1]Black's Law Dictionary将预约合同

[1]［日］我妻荣：《债权各论》（卷一），徐进、李又又译，中国法制出版社2008年版，第36页。

（precontract）定义为：A contract or engagement made by a person，which is of such a nature as to preclude him from lawfully entering into another contract of the same nature（一方订立的契约，其性质排除了自身合法进入另一份同样性质的契约）。[1] 另外，很多国家的民事法律制度当中都有关于预约合同的相关规定，预约合同在立法上被最早确立并得到广泛传播是在 1804 年的《法国民法典》中，其第 1589 条规定："买卖预约（Promesse de dédit），在标的物及价金达成合意时，即为买卖。"并且，该法典第 1590 条还明确了定金担保在买卖预约中的效力。[2] 在德国早期立法中，其民法典第 610 条规定，"约定为消费借贷之人，如对方当事人之财产状况明显受损害并有危及返还请求权者，得撤回其契约"。该条"消费借贷的约定"被认为是《德国民法典》关于预约合同的首次规定。[3] 但当代许多学者对此提出质疑，认为消费借贷本身为诺成合同，其约定并不是真正的预约合同。[4] 当前，尽管该条已被废止，但理论界未曾中止过对预约合同的探讨。[5]《日本民法典》受法、德两国民法典的影响，亦规定了买卖预约（第 556 条）和消费借贷预约（第 589 条）。[6] 我国台湾地区对使用借贷和消费借贷两项契

[1] Black's Law Dictionary，5th edition，West Publishing Co.，1979，p.1060.

[2]《法国民法典》第 1590 条规定："买卖预约以定金为之者，缔约当事人任何一方均得以下列方式自主解除之：支付定金者，抛弃定金；收受定金者，双倍返还其收受的定金。"《法国民法典》（下册），罗结珍译，法律出版社 2005 年版，第 1199 页、第 1208 页。

[3] 史尚宽：《债法总论》，中国政法大学出版社 2000 年版，第 12 页。

[4] 唐晓晴：《预约合同法律制度研究》，澳门大学法学院 2004 年版，第 64 页。持此观点的学者还包括 Arwed Blomeyer、Karl Larenz、Dieter Medicis。[德] Dieter Medicis：《德国债法分论》，杜景林、卢谌译，法律出版社 2007 年版，第 230 页。

[5] 陈卫佐：《德国民法典》（第四版），法律出版社 2015 年版，第 238 页；汤文平：《德国预约制度研究》，载《北方法学》2012 年第 1 期。

[6]《日本民法典》第 556 条规定："（一）买卖一方的预约，自相对人表示完结买卖意思时起，发生买卖的效力。（二）前项的意思表示未确定期间时，预约人可以确定相当的期间，催告相对人就所指定期间内是否完成买卖做出确切回答。如果相对人在该期间内没有确切答复，买卖一方的预约丧失其效力。"第 589 条规定："消费借贷的预约，于日后当事人一方受破产宣告时丧失效力。"《最新日本民法》，渠涛译，法律出版社 2006 年版，第 122 页、第 127 页。

约规定了预约合同制度。[1] 相对而言，英美法并无预约合同的规定，虽然英国颁布的《1893 年货物买卖法案》（*Sale of Goods Act 1973*）有买卖（a sell）与买卖预约（an agreement to sell）之分，但这里的买卖预约 [2] 与大陆法意义上的预约合同相去甚远。

1. 大陆法系国家对预约合同的理论研究概况

预约合同制度作为诸多大陆法系国家债法体系中的重要组成部分，理论上亦有长足的发展。例如，法国理论界将预约合同类型化为优先性协议、原则同意性协议和订立合同的单方允诺三种，并广泛认为附停止条件的合同为最具有典型性的预约合同。在第一种类型优先性协议中，一方当事人会向对方承诺予以权利，即当其决定要订立某个特定合同时，要先向对方发出要约，对方有优先于第三人与其订立该合同的权利。第二种类型原则同意性协议，当事人有义务对合同的具体事项展开善意的磋商，促使合同最终订立，但合同的签订并非他们的义务。倘若当事人违反协议，另一方可以追究其违约责任。第三种类型订立合同的单方允诺，一方当事人会向特定当事人允诺，若其在某一特定期间内提出请求，允诺方将会与其按照既定条件订立合同。质言之，合同如若达成，作出允诺的当事人便负有与被允诺方（当其请求时）订立合同的义务，而被允诺方并不因此承担义务。[3]

德国理论界对预约合同买卖制度的研究具有一定的体系性，早在两个

---

[1] 称使用借贷者，谓当事人一方以物交付他方，而约定他方于无偿使用后返还其之契约。使用借贷预约成立后，预约贷与人得撤销其约定。但预约借用人已请求履行预约而预约贷与人未即时撤销者，不在此限。消费借贷之预约，其约定之消费借贷有利息或其他报偿，当事人之一方预约成立后，成为无支付能力者，预约贷与人得撤销其预约。高点法商研究中心:《新简明六法》，高点文化事业有限公司 2016 年版，第 65—66 页。

[2] See Sale of Goods Act 1973. The part II-2.（4）Where under a contract of sale the property in the goods is transferred from the seller to the buyer the contract is called a sale.（在一项买卖契约下，如果货物的财产权即时由卖方移转给买方，该契约称作"买卖"。）（5）Where under a contract of sale the transfer of the property in the goods is to take place at a future time or subject to some condition later to be fulfilled the contract is called an agreement to sell.（如果此项财产权的移转须待将来某一时间到来，或须待将来某些条件被履行后才能实现的，该项契约称作"买卖预约"。）

[3] 尹田:《法国现代合同法》，法律出版社 2009 年版，第 68 页。

世纪以前，德国便有大量关于预约合同的研究。[1] 德国法学家们关于预约合同制度的结论大致可以被总结概括为以下几点：其一，德国法学家首创预约合同（Vorvertrag）的专门概念，取代了《法国民法典》对预约合同的“出卖的许诺”（promesse de vente）的表述。[2] 其二，在预约合同的法律意义上，不能将其视为缔约的过渡阶段抑或缔结本约合同之起点，它与其他合同并无二致，本身就是一份兼具独立性和完整性的合同，并没有任何的不确定性。其三，缔结预约合同的目的是使将来要缔结的合同更为安全，当预约合同成立后，当事人则可以按其需求选择在适当的时间缔结本约，这样便能够减少欺诈或者反悔的机会。其四，预约合同的缔结源自对个人意思的尊重和契约自由原则。如果当事人不愿意马上订立合同，同时又想在一定程度上获得法律的保障，其并未超出法律所应保护的范畴。[3]

2. 英美法系国家对预约合同的理论研究概况

虽然英美法并无预约合同制度，但其理论界有很多预约合同相关问题的研究，如学者 Michael Furmston 认为订立合同的协议通常因确保磋商而产生，但这种基于诚信（good faith）的磋商并无效力可言，磋商本身具有的博弈属性，在契约自由的环境下，当事人若没有达成最终协议，当然能够在磋商进行时自由退出，至于因此履行的相关义务（如支付费用等），只能基于信赖而非预期利益请求对方赔付，在对契约的必要条款未达成一致之前，合同不成立。[4] 学者 Alan Schwartz 和 Robert E. Scott 也认为初步协议中当事人进行初步磋商并无责任可言，在满足一定条件时背信者才

[1] 唐晓晴：《预约合同法律制度研究》，澳门大学法学院 2004 年版，第 64 页。

[2]《法国民法典》第 1589 条所提到的预约（promesse de vente）实际上直译为“出卖的许诺”，并在学界被广泛地提及。预约合同原本在德国被称为 Pactum de contrahendo，德国法学家 Henrich 认为该拉丁语概念并不确切，建议以 Vorvertrag 一词代替，并对预约定义为：一份承诺（缔结）将来合同的合同。See Das Handelsrecht，I，3 Auflage，1854，62. 转引自唐晓晴：《预约合同法律制度研究》，澳门大学法学院 2004 年版，第 64 页。

[3] See Dieter Henrich，Vorvertrag，Optionsvertrag，Vorrechtsvertrag，1965，S. 192f. 转引自吴从周：《论预约：探寻德国法之发展并综合分析台湾“最高法院”相关判决》，载《台大法学论丛》（第 42 卷特刊）2013 年第 11 期。

[4] See Michael Furmston，The Law of Contract，Lexisnexis 4th edn.，2010，pp. 447–448，489.

应承担先契约责任。[1] 美国学者 E. Allan Farnsworth 教授在 *Columbia Law Review*（《哥伦比亚法律评论》）发表的 *Precontractual Liability and Preliminary Agreement：Fair Dealing and Failed Negotiations*（《先契约责任和初步协议：公平交易和谈判失败》）一文中将初步协议（Preliminary Agreement）分为将行谈判的初步协议（preliminary agreement to negotiate）和具备开放条款的初步协议（preliminary agreement with open terms）。[2] 将行谈判的初步协议中，当事人对多数条款已进行约定，但双方并无受其约束的意思，只需承担为缔结合同而进行谈判的义务。而在具备开放条款的初步协议中，当事人对大多数条款已进行了约定且愿意受这些条款的约束，并对开放条款有磋商的义务，直至合同缔结。倘若双方谈判不成或者一方当事人中途无故停止谈判，那么利害关系人则具有寻求法院补充开放条款的权利。

总体来看，域外对预约合同的研究翔实且体系化，很大部分原因是基于本国商事体制的成熟和对规则意识的注重，这些研究成果对我国预约制度的构建有一定的启示和参考意义，但有些国家或地区对预约合同的理解并不与我国相同，对其溯源性考察显得十分必要。

### （二）国内研究现状

由于历史原因及我国市场经济起步较晚，预约合同在我国市场中被广泛应用出现在近十几年的时间里，并且主要集中在商品房买卖领域。我国法学理论对预约合同的研究并不像法国、德国等国家那么久远和体系化，但由于近些年来预约合同在司法实践中的纠纷和问题日趋增多，学界不乏广泛的讨论。

关于预约的定义，学界有诸多释义。例如，王泽鉴先生认为，预约乃

[1] See Alan Schwartz, Robert E. Scott, Precontractual Liability and Preliminary Agreement, Harvard Law Review, volume 120, January 2007.

[2] E. Allan Farnsworth, Precontractual Liability and Preliminary Agreement: Fair Dealing and Failed Negotiations, Columbia Law Review, volume 87, March 1987.

为约定将来一定契约之契约。[1] 史尚宽先生和郑玉波先生认为，预约是约定将来订立一定契约之契约，其将来应订立之契约称为本约。[2] 黄立先生认为，预约是债法上的契约，乃使当事人负有缔结主契约的约定。[3] 王利明教授认为，预约是指当事人约定为在将来一定期限内订立合同而达成的允诺或协议。[4] 梁慧星教授认为，所谓预约，是使当事人之间产生将来订立本约（正式合同）之债权债务合同。[5] 通过比较可以发现，以上对预约合同的定义大致相同，即认为预约为当事人之间的合意，实为合同，是指当事人约定将来订立一定合同的合同。此经典定义后来被大多数学者所认同和引用，成了研究预约合同的基础。[6]

在预约合同何以缘起问题上，多数学者认为罗马法时代所形成的要物契约为预约合同出现的起因，或者说具有一定的线索意义，[7] 那时人们往往通过预约合同制度来缓和契约的普遍要物性。[8] 至于预约合同的价值与功能，学界基本认同是为了巩固与对方的交易机会以及保障已达成的成果。[9]

预约合同的成立应具备怎样的内容，以黄立先生为代表的多数学者认

[1] 王泽鉴:《债法原理》，北京大学出版社 2009 年版，第 98 页。

[2] 史尚宽:《债法总论》，中国政法大学出版社 2000 年版，第 12 页；郑玉波:《民法债编总论》，三民书局 1990 年版，第 29—32 页。

[3] 黄立:《民法债编总论》，元照出版有限公司 2006 年版，第 26—29 页。

[4] 史尚宽:《债法总论》，中国政法大学出版社 2000 年版，第 12 页。

[5] 梁慧星:《预约合同解释规则——买卖合同解释（法释〔2012〕8 号）第 2 条解读》，载中国法学网，http://www.iolaw.org.cn/showArticle.aspx?id=3462，最后访问时间 2017 年 6 月 10 日。

[6] 最高人民法院民事审判第二庭编著:《最高人民法院关于买卖合同司法解释理解与适用》，人民法院出版社 2016 年版，第 51 页。

[7] 钱玉林:《预约合同初论》，载《甘肃政法学院学报》2003 年总第 69 期。

[8] 王泽鉴:《债法原理》，北京大学出版社 2009 年版，第 98 页；张艳玲、白帮武:《预约合同相关问题探讨》，载《山东社会科学》2005 年第 2 期。

[9] 韩强:《论预约的效力与形态》，载《华东政法学院学报》2003 年第 1 期；张艳玲、白帮武:《预约合同相关问题探讨》，载《山东社会科学》2005 年第 2 期；李冬:《预约合同制度要义与立法构建》，载《求索》2012 年第 9 期；王瑞玲:《预约、本约区分和衔接的主观解释论——兼对客观解释论商榷》，载《政治与法律》2016 年第 10 期。

为，预约一方要求对方履行义务，缔结本约，只有在订立本约合同义务在预约合同内容中足够确定时才可主张。[1] 必须有确定订立本约的条款，但除此之外的其他内容，理论界莫衷一是。王利明教授认为应具备当事人、标的以及未来订立本约合同的意思表示等三个必备要素。[2] 学者刘俊臣认为应包含两个方面：一方面缔约当事人的目的为缔结合同，并非为缔结的意向；另一方面在当事人成约之基本要件上，如标的物的种类、价格、质量标准等需要明确。[3] 学者钱玉林认为，预约合同的成立需要两个基本要素同时具备，即订立本约目的之合意和成立本约合同为要约的要求，同时指出标的及数量是构成一项意思表示为要约的基本要素。[4] 学者陆青认为，预约合同既为合同的一种，至少应具备合同成立的一般条件，如标的、数量、当事人等。[5] 学者刘承韪按合同内容从简到详的程度，将预约合同予以类型化为简单、典型和完整三个等级。以买卖合同为例，简单类预约仅包含当事人、标的和数量；典型类预约除了简单类预约的三个要素，还具有价格条款；而完整类预约则涵盖本约合同的所有条款。[6] 最高人民法院买卖合同司法解释理解与适用编写小组（以下简称《买卖合同解释理解与适用》编写小组）与学者陆青的观点相似，并针对司法实践中普遍存在的商品房买卖预约合同，认为应至少具备以下基本内容：第一，有根据预约要在将来订立本约合同的意思表示；第二，房屋的一些基本情况，如面积、层次和具体坐落位置等。[7]

预约合同的成立是否应具备形式，学界的争论主要集中在当其目的

---

[1] 黄立：《民法债编总论》，中国政法大学出版社 2002 年版，第 48 页。

[2] 王利明：《预约合同若干问题研究——我国司法解释相关规定评述》，载《法商研究》2014 年第 1 期。

[3] 刘俊臣：《合同预约若干法律问题初探》，载《法律适用》2002 年第 4 期。

[4] 钱玉林：《预约合同初论》，载《甘肃政法学院学报》2003 年总第 69 期。

[5] 陆青：《〈买卖合同司法解释〉第 2 条评析》，载《法学家》2013 年第 3 期。

[6] 刘承韪：《预约合同层次论》，载《法学论坛》2013 年第 6 期。

[7] 最高人民法院民事审判第二庭编著：《最高人民法院关于买卖合同司法解释理解与适用》，人民法院出版社 2016 年版，第 52 页。

（本约）合同为要式时，是否应把要式要求映射到预约合同上。王泽鉴先生和郑玉波先生认为本约要式目的若为使当事人签订合同慎重，则应采肯定说。[1] 相反，王利明教授认为，要式不应及于预约合同。[2] 学者高桂林、刘文杰、白玉认为凡预约合同都应为要式形式。[3]

预约合同与本约合同的关系主要存在三种学说的争论，即一个合同说、两个合同说和合同更新说。[4] 当前学界普遍赞同两个合同说的观点。[5] 在两者的区分问题上，学者刘承韪、钱玉林、张艳玲和白帮武都认为应当结合当事人的意思以及合同内容等进行综合研判，而不能仅从合同的名称或形式上就简单地认定合同的性质。[6]《买卖合同解释理解与适用》编写小组和多数学者提到，预约合同的内容并不排斥目的合同（本约）条款的存在，只是一个程度的问题。[7] 而对于该程度，王利明教授和学者陆青认为，合同中无需具备本约合同的主要条款，[8] 倘若所缔结的预约和所追求的本约在根本意思上并无区别，便没有必要去认定一个独立于本约的预约。[9] 对此

---

[1] 郑玉波:《民法债编总论》，三民书局 1990 年版，第 33 页；王泽鉴:《债法原理（一）》，中国政法大学出版社 2001 年版，第 149 页。

[2] 王利明:《预约合同若干问题研究——我国司法解释相关规定述评》，载《法商研究》2014 年第 1 期。

[3] 高桂林、刘文杰:《预约合同的性质初探》，载《石家庄经济学院学报》2013 年第 36 卷第 6 期；白玉:《预约合同的法理及其应用》，载《东岳论丛》2009 年第 30 卷第 7 期。

[4] 转引自王利明:《预约合同若干问题研究——我国司法解释相关规定述评》，载《法商研究》2014 年第 1 期。

[5] 王利明:《预约合同若干问题研究——我国司法解释相关规定述评》，载《法商研究》2014 年第 1 期；张艳玲、白帮武:《预约合同相关问题探讨》，载《山东社会科学》2005 年第 2 期；高桂林、刘文杰:《预约合同的性质初探》，载《石家庄经济学院学报》2013 年第 36 卷第 6 期。

[6] 刘承韪:《预约合同层次论》，载《法学论坛》2013 年第 6 期；钱玉林:《预约合同初论》，载《甘肃政法学院学报》2003 年总第 69 期；张艳玲、白帮武:《预约合同相关问题探讨》，载《山东社会科学》2005 年第 2 期。

[7] 最高人民法院民事审判第二庭编著:《最高人民法院关于买卖合同司法解释理解与适用》，人民法院出版社 2016 年版，第 52 页。

[8] 王利明:《预约合同若干问题研究——我国司法解释相关规定述评》，载《法商研究》2014 年第 1 期。

[9] 陆青:《〈买卖合同司法解释〉第 2 条评析》，载《法学家》2013 年第 3 期。

王泽鉴先生认为："认定一个原则，订立预约在交易上系属例外，有疑义，宜认为系属本约。"[1] 相反，也有不少学者提出质疑，学者王瑞玲指出："一项合同很明确地写为'预约'，最后却因其内容完备而被推敲和解释为本约合同，实为不妥，此种做法有违背缔约人真实意志之嫌。应注重和倾向当事人的主观意思，按照"疑约从预"之标准来处理。"[2] 学者陆青和学者刘承韪也持类似观点。[3]

关于预约合同应具备怎样的效力，学界上存在诚信磋商说、应当缔约说、效力区分说和视为本约说的分野。其中，视为本约说实与上文一个合同说的观点一致，虽然司法实践中不乏案例据此进行裁定，但在学界遭到了普遍反对。[4] 目前学界争论的焦点基本围绕在诚信磋商说和应当缔约说之间，学者张艳玲、白帮武、白玉支持诚信磋商说，认为预约合同生效后，当事人为了达成本约合同，只要真诚和善意地进行了磋商，便履行了预约合同的义务。[5]学者耿利航[6]、韩强[7]、王新、秦芳华[8]、胡冬冬、张洋[9]以及《买卖合同解释理解与适用》编写小组[10]等对诚信磋商说提出了质疑，主要原因为诚信磋商说有违预约合同订立目的且易造成磋商形式化。王泽鉴先

[1] 王泽鉴：《债法原理》，中国政法大学出版社 2001 年版，第 148 页。

[2] 王瑞玲：《预约、本约区分和衔接的主观解释论——兼对客观解释论商榷》，载《政治与法律》2016 年第 10 期。

[3] 陆青：《〈买卖合同司法解释〉第 2 条评析》，载《法学家》2013 年第 3 期；刘承韪：《预约合同层次论》，载《法学论坛》2013 年第 6 期。

[4] 最高人民法院民事审判第二庭编著：《最高人民法院关于买卖合同司法解释理解与适用》，人民法院出版社 2016 年版，第 54—58 页。

[5] 张艳玲、白帮武：《预约合同相关问题探讨》，载《山东社会科学》2005 年第 2 期；白玉：《预约合同的法理及其应用》，载《东岳论丛》2009 年第 30 卷第 7 期；韩强：《论预约的效力与形态》，载《华东政法学院学报》2003 年第 1 期。

[6] 耿利航：《预约合同效力与违约救济的实证考察与应然路径》，载《法学研究》2016 年第 5 期。

[7] 韩强：《论预约的效力和形态》，载《华东政法学院学报》2003 年第 1 期。

[8] 王新、秦芳华：《论预约及其责任》，载《律师世界》1998 年第 4 期。

[9] 胡冬冬、张洋：《违反预约的法律责任问题》，载《河北学刊》2008 年第 4 期。

[10] 最高人民法院民事审判第二庭编著：《最高人民法院关于买卖合同司法解释理解与适用》，人民法院出版社 2016 年版，第 54—58 页。

生[1]、王利明教授[2]、梁慧星教授[3]、学者耿利航[4]《买卖合同解释理解与适用》编写小组[5]持应当缔约说，认为预约合同不但会对当事人产生磋商的效力，还会对其产生最终缔结本约的效力，除法律规定的事由外，当事人必须在合同约定的时间节点内完成对本约的订立，不然预约将变得毫无意义。但该说也遭到了许多学者的质疑，如韩强[6]、张艳玲和白帮武[7]等学者认为应当缔约说可能严重干预当事人的意思自治，有违合同原则。学者韩强[8]、王建通、杨国峰[9]、刘承韪[10]支持效力区分说，主张预约合同的效力是采诚信磋商说还是采应当缔约说有其客观基础，应考察预约合同内容的完备程度。若合同不具备本约成立的主要条款，表明当事人未就本约形成共识且有进一步磋商之意，采诚信磋商说；若合同已就本约主要条款达成一致，采应当缔约说。此外，学者刘承韪在前文所提到的分类基础上补充到，以合同类型的方式区分效力，简单类预约和典型类预约的效力应为诚信磋商，而完整类预约的效力为应当缔约。[11]学者史浩明、程俊以及《买卖合同解释理解与适用》编写小组反对效力区分说，理由为该说缺乏实务可操作性，难以涵盖各种合同的主要条款，并且仍无法解决诚信磋商说和应当缔约说

---

[1] 王泽鉴：《债法原理（ ）》，中国政法大学出版社2001年版，第150页。

[2] 王利明：《预约合同若干问题研究——我国司法解释相关规定述评》，载《法商研究》2014年第1期。

[3] 梁慧星：《预约合同解释规则——买卖合同解释（法释〔2012〕8号）第2条解读》，载中国法学网，http://www.iolaw.org.cn/showArticle.aspx?id=3462，最后访问时间2017年6月10日。

[4] 耿利航：《预约合同效力与违约救济的实证考察与应然路径》，载《法学研究》2016年第5期。

[5] 最高人民法院民事审判第二庭编著：《最高人民法院关于买卖合同司法解释理解与适用》，人民法院出版社2016年版，第53页。

[6] 韩强：《论预约的效力与形态》，载《华东政法学院学报》2003年第1期。

[7] 张艳玲、白帮武：《预约合同相关问题探讨》，载《山东社会科学》2005年第2期；李冬：《预约合同制度要义与立法构建》，载《求索》2012年第9期。

[8] 韩强：《论预约的效力与形态》，载《华东政法学院学报》2003年第1期。

[9] 王建通、杨国峰：《预约合同的效力及判定——以商品房买卖预约合同为例》，载《浙江学刊》2011年第1期。

[10] 刘承韪：《预约合同层次论》，载《法学论坛》2013年第6期。

[11] 刘承韪：《预约合同层次论》，载《法学论坛》2013年第6期。

本身的自洽性问题。[1]

违背预约合同可否强制当事人订立本约合同，对此问题梁慧星教授、陆青以及刘俊臣、张艳玲、白帮武、白玉等学者基于意思表示不可强制执行理论，持否定观点。[2] 而持赞成观点的王利明教授则认为，订立本约是当事人在缔结预约合同时就确立的义务，强制缔约并非违背他们的意思自治，相反恰恰是尊重了他们的意愿，更重要的是避免了预约合同形式化。但并非任何案件都应强制缔约，最终应由司法机关根据客观情形综合判定是否予以支持。[3]

预约合同实际履行为订立本约合同，那么其履行利益仅仅为订立本约合同还是周延至本约合同的履行？对此，《买卖合同解释理解与适用》编写小组认为预约合同的实际履行仅为缔结一个新的合同，指向的是缔结本约的行为，合同成立本身不会出现任何现实交易，也不会产出任何经济利益。对当事人而言，本约没有成立仅仅是丧失了一次交易机会，没有履行利益可循，因此，应与信赖利益损失相当。[4] 学界中不少学者持相似观点，例如韩世远教授及学者高桂林、刘文杰、张艳玲、白帮武等。[5]

---

[1] 史浩明、程俊:《论预约合同的法律效力及强制履行》，载《苏州大学学报（哲学社会科学版）》2013 年第 9 期；最高人民法院民事审判第二庭编著:《最高人民法院关于买卖合同司法解释理解与适用》，人民法院出版社 2016 年版，第 58 页。

[2] 刘俊臣:《合同预约若干法律问题初探》，载《法律适用》2002 年第 4 期；梁慧星:《预约合同解释规则——买卖合同解释第 2 条解读》，载中国法学网，http://www.iolaw.org.cn/showArticle.aspx?id=3462，最后访问时间 2017 年 6 月 20 日；张艳玲、白帮武:《预约合同相关问题探讨》，载《山东社会科学》2005 年第 2 期；白玉:《预约合同的法理及其应用》，载《东岳论丛》2009 年第 30 卷第 7 期；陆青:《〈买卖合同司法解释〉第 2 条评析》，载《法学家》2013 年第 3 期。

[3] 王利明:《预约合同若干问题研究——我国司法解释相关规定述评》，载《法商研究》2014 年第 1 期。

[4] 最高人民法院民事审判第二庭编著:《最高人民法院关于买卖合同司法解释理解与适用》，人民法院出版社 2016 年版，第 61—62 页。

[5] 韩世远:《合同法总论》，法律出版社 2004 年版，第 165 页；高桂林、刘文杰:《预约合同的性质初探》，载《石家庄经济学院学报》2013 年第 36 卷第 6 期；白玉:《预约合同的法理及其应用》，载《东岳论丛》2009 年第 30 卷第 7 期；张艳玲、白帮武:《预约合同相关问题探讨》，载《山东社会科学》2005 年第 2 期。

王利明教授提出不同观点，认为在认可预约合同违约赔偿范围不包含本约履行利益的同时，也应将其与缔约过失责任作出明显区分，违背预约合同属违约责任，其应以完全赔偿为原则，不应将其限制在信赖利益以内。[1] 学者陆青、赵秀梅提出，确定预约合同违约赔偿范围，应综合已决条款数量、违约行为与损害结果的因果关系以及守约方因此遭受的损失等三方面进行考虑，并严格遵守《合同法》第 113 条第 1 款的规定，进行可预见的限定赔偿。在一项预约合同中，其内容越详尽，形式上越接近本约合同，其损害赔偿范围就越接近甚至为本约合同的履行利益，反之，若本约合同缔结条件并不成熟，损害赔偿就越接近信赖利益，甚至没有。[2]

综上所述，很多著名学者在其编写的债法或合同法专著中对预约合同都有所论及，如史尚宽教授的《债法总论》、王泽鉴教授的《债法原理》、黄立教授的《民法债编总论》、王利明教授的《合同法研究》、韩世远教授的《合同法总论》、崔建远教授的《合同法》等。[3] 亦有诸多论文对预约合同展开了专门的研究，如王利明教授的《预约合同若干问题研究——我国司法解释相关规定述评》、梁慧星教授的《预约合同解释规则——买卖合同解释第 2 条解读》、汤文平教授的《论预约在法教义学体系中的地位——以类型序列之构建为基础》、钱玉林教授的《预约合同初论》、刘承韪教授的

[1] 王利明:《预约合同若干问题研究——我国司法解释相关规定述评》，载《法商研究》2014 年第 1 期。

[2] 陆青:《〈买卖合同司法解释〉第 2 条评析》，载《法学家》2013 年第 3 期；赵秀梅:《违反预约合同损害赔偿范围研究》，载北京航空航天大学《民商法理论与方法论——第四届两岸民商法前沿论坛论文集》，2014 年。

[3] 史尚宽:《债法总论》，中国政法大学出版社 2000 年版，第 12—16 页；王泽鉴:《债法原理》，北京大学出版社 2009 年版，第 98—101 页；黄立:《民法债编总论》，元照出版有限公司 2006 年版，第 26—29 页；王利明:《合同法研究》，中国人民大学出版社 2011 年版，第 158—162 页；韩世远:《合同法总论》，法律出版社 2004 年版，第 165—168 页；崔建远主编:《合同法》，法律出版社 2010 年版，第 202—205 页。

《预约合同层次论》、韩强教授的《论预约的效力及形态》等。[1] 从国内学者对预约合同的研究来看，争论点主要集中在预约合同的认定、界分、属性、法律效力及违约救济等相关问题上，这些成果不仅丰富了预约合同的基础理论，而且对许多问题提出了真知灼见，为当前司法实践提供了有力支撑。但由于预约合同问题愈加多样化和复杂化，加之当前预约合同法典化，预约制度的理论构建尚存在以下短板：一是对预约合同在司法实践中的表现形式涵盖不全面，类型化分析单一化、形式化。二是缺乏预约合同的价值讨论和关注，在问题解决上难免顾此失彼、失去导向。三是对域外预约合同制度的构建缺乏深入研究，没有从根本上溯源，即从体系维度上考察制度体系形成的原因，存在盲目照搬。四是论证上的自圆其说不能与司法适用自洽，缺乏实证分析研究，许多问题不能从根本上得到解决。

## 三、研究对象及方法

### （一）研究的主要问题

预约合同的特殊性是研究预约合同制度的基石，也是贯穿全文的主线。本书以预约合同的特征为基础、以其功能和价值为导向，立足于我国司法实践中相关纠纷的实然状态，探讨相关问题。具体而言，拟解决以下几个主要问题，并以此为突破点展开周延性研究：其一，预约合同在市场交易中的功能和价值是什么，反映怎样的特征；其二，预约合同成立的必要条款都有哪些；其三，预约合同与本约合同、意向书、框架合同（Frame contract）、附停止条件的合同、预售合同、待商条款的合同具有怎样的关

[1] 王利明：《预约合同若干问题研究——我国司法解释相关规定述评》，载《法商研究》2014 年第 1 期；梁慧星：《预约合同解释规则——买卖合同解释（法释〔2012〕8 号）第 2 条解读》，载中国法学网；汤文平：《论预约在法教义学体系中的地位——以类型序列之建构为基础》，载《中外法学》2014 年第 4 期；钱玉林：《预约合同初论》，载《甘肃政法学院学报》2003 年总第 69 期；刘承韪：《预约合同层次论》，载《法学论坛》2013 年第 6 期；韩强：《论预约的效力与形态》，载《华东政法学院学报》2003 年第 1 期。

系；其四，预约合同与本约合同的界限为何，换言之，预约合同的内容详细到何种程度才不至于僭越至本约合同的范畴；其五，域外理论中预约合同类型化后的甄别；其六，预约合同应当具有怎样的效力；其七，预约合同的损害赔偿范围有哪些；其八，预约合同违约能否适用强制缔约制度；其九，预约合同定金性质及无价金条款中定金数额的确定；其十，预约合同制度构架的规范表述。

### （二）研究方法

1. 历史分析的方法

预约合同兼具时代性和法律继承性，在市场交易中被广泛应用和法律体系中被最终确立并非一蹴而就。欲深刻把握预约合同制度，须以历史考察的角度，厘清其来龙去脉，了解其发展动向。通过回溯预约合同缘起以及域外各国和地区的承继与发展状况，梳理这一法律制度在服务社会的同时对其自身的塑造，以准确解答预约合同的诸多深层次问题。

2. 比较法的研究方法

很多大陆法系国家通过立法确立了预约合同制度，英美法系国家虽无明确规定，但大陆法适用的预约合同，在市场经济高度发达的诸多英美法系国家司法中亦有出现，并且产生了很多相关理论研究。通过比较不同国家或地区的预约合同制度，分析制度与本国交易习惯、其他法律制度之间的联动关系，能够探知其预约合同制度的成因，以及实施后的效果与问题，最终立足于我国司法实情，剖析优劣、吸取精华，建立适宜我国司法实践的预约合同制度。

3. 法律的经济分析方法

任何法律制度的形成，都有其客观存在的经济基础，作为商品经济持续发展和交易多元化的产物，预约合同制度更是如此。预约合同在市场交易中被广泛应用，既有自身价值因素，也有经济环境的影响，对这些背后因素展开分析，有助于把握预约合同制度与市场经济制度及缔约自由原则的关系，从而进一步分析这一制度的经济学原理，为“预约合同制度应当是怎样的”这一问题指明方向，以求建立完善的预约合同制度来反哺和服务市场。

4. 案例研究的方法

运用司法案例对相关问题展开研究是法学研究的重要方法，也是理论联系实务的良好途径。鉴于预约合同在司法实务纠纷案件中不断增多以及问题层出不穷，对具有代表性的案例进行汇总和分析显得尤为重要。总结司法经验，反思各种学说在司法实践中适用的利与弊，能够避免闭门造车和自说自话，进而寻求预约合同制度在我国司法实践中的可行性和科学性出路。

5. 类型化的分析方法

当抽象的概念无法涵盖某种生活现象的多样表现形态时，首先想到的补足思考方式为“类型”。法律制度体系的形成，是以概念为基础、以目的为导向，通过归纳或具体化的类型而连接形成的。[1] 并且，类型化研究的优势在于其归纳性，该种研究方法是人们认识客观事物本质的重要手段和方法，以抽象形式存在的“事物本质”只有借助作为普通和特殊之中点的“类型”，才能得以充分展示。[2] 预约合同在我国司法实务中的表现纷繁多样，单一的解决方法往往不足以应对诸多复杂问题，必须通过一定的方法或视角对预约合同进行归类，并在此基础上提出不同的解决方案，才能够形成具体可操作的预约合同制度体系。

## 四、结构框架及创新

### （一）结构框架

全书除绪论以外，总共分为五个部分。这五部分大致以预约合同为什么存在、预约合同是什么、预约合同应怎样适用、预约合同制度的规范化

[1] 黄茂荣：《法学方法与现代民法》，法律出版社 2007 年版，第 630 页。

[2] [德] 亚图·考夫曼：《类型与“事物本质”——兼论类型理论》，吴从周译，台北学林文化事业有限公司 1999 年版，第 111 页。

构造为路径展开的。具体框架如下：

第一部分为预约合同价值论。通过考察预约合同的缘起以及后来的发展样态，探寻其特有的价值和功能，阐述其为什么存在，为后文适用问题的解决提供根本性方向和依据。

第二部分为预约合同基础论。通过分析预约合同的特质，推出其成立的必要条件及内容翔实的临界线，并以此厘清预约合同与本约合同、意向书、框架合同（Frame contract）、附停止条件的合同、预售合同、具有待商条款合同的关系，进而检视域外类型化预约合同的理论，形成预约合同的特质→预约合同的构造→预约合同的边界的研究路径。

第三部分为预约合同效力论。通过梳理预约合同效力各种学说赞成与反对的意见，总结争论核心，探讨何以自洽解释预约合同效力的路径，并分析阻却预约合同效力实现的因素。

第四部分为预约合同违约论。通过比较预约合同制度与缔约过失责任制度，分析预约合同的损害赔偿范围。探讨违背预约合同能否强制缔约，并分析预约合同定金条款的性质，解决当预约合同无价金条款时，定金条款的适用问题。

第五部分为结论。总结以上四部分的观点，建立预约合同理论体系。通过规范化表述，填充《民法典》合同编预约合同的既有框架，以此形成更加完整的预约合同制度。

### （二）创新之处

本书基于预约合同纳入我国《民法典》这一历史契机，对预约合同展开了全新的论述和研究。通过对国内及域外相关立法、判例以及理论成果进行考察和分析，对预约合同问题进行了系统且全面的回应，力求在《民法典》合同编的预约合同框架体系下构建适宜我国司法的预约合同制度，主要有以下几个方面创新：

一是溯源各国预约合同制度，梳理预约合同的发展和承继情况，探究各国既有制度体系形成的原因。检视和比较域外相关理论，特别针对当前学界对英美法系国家关于预约合同理论的研究短板，进行补足。

二是注重实证考察，兼顾权威性和全面性。优选刊登在《最高人民法院公报》《人民法院案例选》《人民司法》《审判要览》等期刊及“法宝推荐”中的相关案例，结合中国裁判文书网，形成多层级、多维度、多典型的考察对象体系，总结和梳理各级法院的审判路径和裁判理由，形成较权威的司法裁判数据。

三是完善以是否具备本约合同所有必要条款的类型化方法，全面涵盖现实生活中的所有预约合同形式，并探析预约合同效力以及效力阻却因素。首次提出以目的合同（本约合同）形成进路为视角的精准界分及认定预约合同的方法，确立意向书、预约合同和本约合同三者的位阶递进关系。首次提出结合横向维度值和纵向维度域，划定预约合同违约赔偿范围的方法。

第一章

# 价值论：预约合同的展开

## 第一节　预约合同的“源”与“流”

法律主要是传统的产物，数代和数世纪持续发展的西方法律制度，每一代都以前代为基础，进行有意义的发展和建设；该种持续发展的自觉过程，被认为（或曾经被认为）不仅仅是一个变化过程，而是一种有机的发展过程。[1] 同样，预约合同作为人们交易的产物，经历了从简单到成熟、从质疑到肯定、从习惯到制度的历史发展过程，很多国家或地区通过法律继承、法律移植或修正的方式，形成了符合自身条件的预约合同制度，对市场的快速发展产生了积极的作用。追溯预约合同起源的历史与流派，目的在于考察预约合同适存于当下的合理性，以便发现预约合同的理论基础

[1] ［美］Harold J. Berman：《法律与革命——西方法律传统的形成》，高鸿钧等译，中国大百科全书出版社 1996 年版，第 6 页。

与价值功能，并且通过比较各国或各地区预约合同制度的演变与得失，找到符合我国国情的预约合同制度的出路。

## 一、在罗马法中寻找与发现

现代民法的发展和形成基于罗马私法，[1] 大多数学者在研究当代大陆法系国家法律制度渊源的时候，一般都会尝试先行到罗马法中寻找。德国法学家起初在论述预约合同时，认为注释法学派（glossators）提出的简约（pactum）就是预约合同最为古老的渊源。然而，简约虽然为一种为缔结契约而订立的协议，但其仅限定在缔约当事人以法定契约形式以外的方式达成，它既不产生严格意义上的债，也不导致权利之转移，更无任何的诉权可言。[2] 与实证法上首次建立预约合同制度的《法国民法典》相去甚远，因此，很难证明两者具有必然的传承关系。[3] 通过考察罗马法的相关文献，除简约外再也难以找到与预约合同相对应或直接被视为预约合同制起源的制度。罗马法中与财产交换相关的主要类型如债务口约（nexum）、买卖（emptio venditio）抑或要式口约（stipulacio）[4] 均非预约合同的雏形，这些契约中都没有将缔约分为预约与本约两个阶段。随着罗马版图的扩张和商

---

[1] 王利明、杨立新、王轶、程啸：《民法学》（第四版），法律出版社 2014 年版，第 21 页。

[2] 黄风：《罗马法词典》，法律出版社 2002 年版，第 194 页。

[3] 唐晓晴：《预约合同法律制度研究》，澳门大学法学院 2004 年版，第 34—35 页。

[4] 债务口约（nexum）为罗马法中一种最为古老的契约之债，它的前提是债的存在，债务人以债务口约之方式将其本人或其隶属人向债权人设定权利以作借贷担保。债权人既可在债务口约成立以后即时对债务奴隶行使权力，也可仅在债务人不履行约定时对债务奴隶行使权利。买卖（emptio venditio）在罗马法中是一种双务诺成契约，立约中的卖方（venditio）有义务向买方（emptio）提供物的和平与永续的占有，而买方则有义务交付价金。要式口约又称问答契约（stipulacio），是一种口头的要式契约，当事人必须到现场，以特定语言一问一答地订立合同。[意] 彼得罗・彭梵得：《罗马法教科书》，黄风译，中国政法大学出版社 1996 年版，第 353 页；周枏：《罗马法原论》（下册），商务印书馆 1996 年版，第 667 页。

品经济的发展，罗马法的买卖制度由单一的要式买卖（mancipatio）[1] 逐渐形成诺成买卖（emptio venditio）和要式买卖两种交易形式并存，如果与合同的缔结分为预约和本约两个阶段对应比较，具有一定的相似性，但很难考证前者就是后者的前身或渊源。注释学派的法学家尝试以定金在合同中所具有的不同功能为标准，将附有确定功能定金的合同称为完全合同，将附有悔约功能定金的合同称为预备合同（contrato in itinere）。但即便定金具有悔约功能，也不应认为该种定金制度就是预约合同的缘起，因为无论在罗马法抑或现代私法中，定金制度都与整个契约制度息息相关，[2] 具有悔约功能的定金也可以在本约合同中适用。因此，严格意义上讲，以上制度不能作为预约合同的直接渊源，或者不能被认为与预约合同有传承关系，可以说罗马法并无预约合同的概念。但是，这并不代表这些制度与预约合同无任何联系，亦不代表罗马法与预约合同完全无关，至少以上制度对预约合同的萌芽提供了思想基石。

自然法学派以理性为追求，尝试寻找正当的法律，其普遍认为契约的成立仅取决于当事人的合意，宣扬合意主义原则。在对罗马法要物契约的存在进行正当性论证时，其试图将要物契约与要物契约的约定加以区分，这一尝试对预约合同制度的诞生可谓至关重要。要物契约的概念首次由罗马法学家盖尤斯（Gaius）提出，但仅仅指消费借贷合同。后来查斯丁尼（Justinianus）以此为基础，在《法学阶梯》一文中将使用借贷、质押以及寄托纳入要物契约的范畴，使其成为一个新的类别。[3] 关于罗马法中的要物契约制度，当事人在交付标的物前，都有任意撤销其约定的自由，除

[1] 在罗马法中，所有权的转移不会因债权契约而自动产生，它必须有转移物权的特定仪式或手续，而要式买卖（mancipatio）就是其中一种可以导致所有权转移的具有象征性的仪式。[意]彼得罗·彭梵得：《罗马法教科书》，黄风译，中国政法大学出版社 1996 年版，第 353 页、第 213 页。

[2] Ana Prata，O Contracto-Promessa e o Seu Regime Civil，Almedina Company，1999，p. 33. 转引自唐晓晴：《预约合同法律制度研究》，澳门大学法学院 2004 年版，第 40 页。

[3] 王洪：《要物合同的存与废——兼论我国〈民法典〉的立法抉择》，载《上海师范大学学报（哲学社会科学版）》2007 年第 4 期。

非契约为书面所订立。[1] 罗马法规定要物契约的目的在于当时各类契约多为无偿契约，无商业利益可言，而“物之交付”的功能恰恰能给予一方当事人一个反悔的机会，以求实现法律的公平性。[2] 但由此会产生的问题是，合同一方往往在物之交付前任意撤销契约，给相对方造成信赖损害，反而有碍商品经济的发展。随着商品经济的兴盛，此问题频繁显现、愈演愈烈，要物契约的普遍存在遭到了广泛的质疑，在现实市场交易中，便出现了人们通过订立预约合同缓和契约要物性的做法。[3] 在自然法思潮的影响下，法国法强调个人意思及自由的绝对权威，将国家对个人的干预降到最低限度。《法国民法典》确立了统率整个私法领域的意思自治原则，将市场主体适用预约合同的习惯首次纳入法国民法体系中，[4] 确立了当事人在缔结即时转移标的物所有权的买卖契约之前，还可先行缔结买卖之预约（promesse de vente）的规则，并且明确规定在预约中，当事人还可以设定定金，任何一方均可选择以损失定金来解除合同。[5] 就此，《法国民法典》成了第一部明确规定预约制度的法律。

## 二、各国的承继与发展

在法国大革命后（1804 年）颁布的《法国民法典》堪称经典并久负盛名，其不仅掀起了欧美各国法典化运动之潮，而且对预约合同制度的传播起到了很大的作用，但凡以其作为立法范例的国家基本都采纳了预约制度。[6]

---

[1] 周枏：《罗马法原论》，商务印书馆 2004 年版，第 181 页。

[2] 钱玉林：《预约合同初论》，载《甘肃政法学院学报》2003 年总第 69 期。

[3] 张艳玲、白帮武：《预约合同相关问题探讨》，载《山东社会科学》2005 年第 2 期。

[4] Louis Boyer, Les promesses synalagmatiques de vente, Trimestrielle de Droir Civil, Volume 74, 1949, p. 41. 转引自唐晓晴：《预约合同法律制度研究》，澳门大学法学院 2004 年版，第 40 页。

[5]《法国民法典》第 1589 条规定：“买卖预约（Promesse de dédit），在标的物及价金达成合意时，即为买卖。”第 1590 条规定：“买卖预约以定金为之者，缔约当事人任何一方均得以下列方式自主解除之：支付定金者，抛弃定金；收受定金者，双倍返还其收受的定金。”《法国民法典》（下册），罗结珍译，法律出版社 2005 年版，第 1199 页、第 1208 页。

[6]［德］茨威格特、克茨：《比较法总论》（上），潘汉典等译，中国法制出版社 2017 年版，第 146 页。

例如1812年的《奥地利普通民法典》第936条、1867年的葡萄牙《塞亚布拉法典》第1548条、1885年的《智利民法典》第1554条、1889年的《西班牙民法典》第1451条、1873年的《哥伦比亚民法典》，以及采取不同立法方案但同样采纳预约合同制度的1982年《墨西哥民法典》等。也有一些国家的法律虽未对预约合同作出明文规定，但因《法国民法典》的影响，在司法实务和理论上都对此予以认可。值得注意的是，在德国早期的立法中，其民法典第610条[1]对“消费借贷的约定”的规定被广泛认为是《德国民法典》首次关于预约合同的规定。[2]但当代许多学者对此提出质疑，认为消费借贷本身为诺成合同，其基于当事人的意思表示即可成立，因此，消费借贷之约定并非真正的预约合同。[3]当前，该条在德国民法典的修正案中已被废止，但《德国民事诉讼法》第894条却有预约合同执行的相关规定。[4]德国法学家对预约合同制度的研究可谓成果斐然，早在两个世纪以前，德国便有大量关于预约合同的论证，德国著名法学家Heinrich Thöl在1854年对预约合同进行的体系性的论断尤为经典。德国法学家们关于预约合同制度的结论大致可以概括为以下几点：其一，德国法学家首创预约合同（Vorvertrag）的概念，取代了《法国民法典》中对预约合同的“出卖的许诺”（promesse de vente）之表述。[5]其二，在预约合同的法律意义上，不

---

[1]《德国民法典》第610条规定：“约定为消费借贷之人，如对方当事人之财产状况明显受损害并有危及返还请求权者，得撤回其契约。”但该条目前已经被废止。陈卫佐：《德国民法典》（第四版），法律出版社2015年版，第238页。

[2] 史尚宽：《债法总论》，中国政法大学出版社2000年版，第12页。

[3]［德］Dieter Medicis：《德国债法分论》，杜景林、卢谌译，法律出版社2007年版，第230页；唐晓晴：《预约合同法律制度研究》，澳门大学法学院2004年版，第64页。持此观点的学者还包括Arwed Blomeyer，Karl Larenz，Dieter Medicis.

[4] 汤文平：《德国预约制度研究》，载《北方法学》2012年第1期。

[5]《法国民法典》第1589条所提到的预约（promesse de vente）实际上直译为“出卖的许诺”，并在学界中被广泛地提及。预约合同原本在德国被称为Pactum de contrahendo，德国法学家henrich认为该拉丁语概念并不确切，建议以Vorvertrag一词代替，并对预约的定义为，一份承诺（缔结）将来合同的合同。See Das Handelsrecht，I，3 Auflage，1854，62. 转引自唐晓晴：《预约合同法律制度研究》，澳门大学法学院2004年版，第64页。

能将其视为缔约的过渡阶段抑或缔结本约合同之起点，它与其他合同并无二致，本身就是一份兼具独立性和完整性的合同，并没有任何的不确定性存在。其三，缔结预约合同的目的在于使将来要缔结的合同更为安全，当预约合同成立后，当事人可以按其需求选择在适当的时间缔结本约，这样便能够减少欺诈或者反悔的机会。其四，预约合同的缔结源自对个人意思的尊重和契约自由原则。如果当事人不愿意马上订立合同，同时又想在一定程度上获得法律的保障，其并未超出法律所应保护的范畴。[1] 但是，较之翔实且成熟的预约合同理论，在德国市场交易中，预约合同的应用却并未像其他欧洲国家那样广泛，究其原因，主要是物权行为理论的广泛应用，使得通过预约合同固定交易的必要性大大降低。受德国法学理论影响，日本及我国台湾地区都对预约合同作出了相关规定，如《日本民法典》第589条[2]。

1865年颁布的《意大利民法典》中并无任何关于预约合同的规定，受《法国民法典》的影响及预约合同在国内市场的广泛应用，无论是在实务界还是在理论界，预约合同都得到了普遍的认可。自19世纪末开始，德国学说汇纂学派的历史与教条方法对意大利民法产生了很大影响，作为一种重要交易工具的买卖预约制度因此受到新学说、新方法的检验，[3] 并且最终在1942年出台的《意大利民法典》中得到确立。[4] 该次立法不但为预约合同作为独立性合同提供了法律依据，还在《法国民法典》的基础上扩大了预约合同的适用范围，使其成为一般民事制度，不再受限仅适用于买卖合同。《意大利民法典》在第2932条进一步规定了预约合同的效力，即倘若

[1] See Dieter Henrich, Vorvertrag, Optionsvertrag, Vorrechtsvertrag, 1965, S. 192f. 转引自吴从周：《论预约：探寻德国法之发展并综合分析台湾“最高法院”相关判决》，载《台大法学论丛》（第42卷特刊）2013年第11期。

[2]《最新日本民法》，渠涛译，法律出版社2006年版，第122页。

[3]［德］茨威格特、克茨：《比较法总论》（上），潘汉典等译，中国法制出版社2017年版，第196页。

[4] Italian Civil Code, Art. 1351.（preliminary contract）. The preliminary contract is null, if it is not done in the same form that the law prescribes for the final contract.《意大利民法典》第1351条：“如果没有按照法律规定的本约合同的形式，那么预约合同无效。”

合同义务方不履行缔约义务，在可行且不违反约定的情况下，对方诉诸法院，获得一个效果与未能缔结的合同一致的判决。[1] 除此之外，诸多大陆法系国家或地区都将预约合同制度纳入了民法典债法体系当中，如《秘鲁民法典》《俄罗斯联邦民法典》《葡萄牙民法典》《瑞士债务法》《澳门民法典》等。[2]

相对于成文法系国家对预约合同适用的具体规定，英美法系国家中既无预约合同的规定，也无完全对应的典型预约合同概念。虽然英国颁布的《1973 年货物买卖法案》（*Sale of Goods Act 1973*）将买卖契约区分为买卖（a sell）与买卖预约（an agreement to sell），但这里的"买卖预约"是指商品的财产权转移须待将来某一时间到来，或须待将来某些条件被履行后才能实现的合同（where under a contract of sale the transfer of the property in the goods is to take place at a future time or subject to some condition later to be fulfilled the contract is called an agreement to sell），[3] 其实际与我国民法上的附条件合同相同，与大陆法系中所指的预约合同的概念相去甚远。

但在诸多市场经济高度发达的英美法系国家中，同样会发生缔约者希望在最终合同确立前建立一些前期约束或协议，以确保磋商的进行及合同的成立。对此，英国普通法认为，订立合同的合同本质为一个有待达成一致的协议，既不具有完整性，也不具备执行力。一方面，法院不可能执行一个不完整抑或在特定条款上有待明确意思表示的协议；另一方面，协议的不完整性和特定条款的不确定性，说明双方当事人尚未达成合意，无意

[1]《意大利民法典》，费安玲、丁玫译，中国政法大学出版社 1997 年版，第 769 页。

[2] 张艳玲、白帮武：《预约合同相关问题探讨》，载《山东社会科学》2005 年第 2 期。

[3] See the Sale of Goods Act 1973. The part II-2.（4）Where under a contract of sale the property in the goods is transferred from the seller to the buyer the contract is called a sale.（在一项买卖契约下，如果货物的财产权即时由卖方移转给买方的，该契约称作"买卖"。）（5）Where under a contract of sale the transfer of the property in the goods is to take place at a future time or subject to some condition later to be fulfilled the contract is called an agreement to sell.（如果此项财产权的移转须待将来某一时间到来，或须待将来某些条件被履行后才能实现的，该项契约称作"买卖预约"。）

受到合同的约束。[1] 例如，1924 年英国著名的 Von Hatzfeldt-Wildenburg v. Alexander 裁决案，法官 Parker J. 认为："Execution of a further contract is a condition or term of the bargain，the law does not recognize a contract to enter into a contract." [2]（另一合同的缔结是一项条件或就交易而言的，法律并不承认订立合同的合同。）

在英美合同法理论中，学者普遍将订立合同的合同称为 preliminary agreement（初步协议），并对此理解宽泛，认为在合同前达成的允诺都可以归属此范畴。特别是美国学者认为某些前期协议，如意向书（letter of intent）、谅解备忘录（memorandum of understanding）、允诺书（commitment letters）、购买不动产时的定金收据（binders）等都为典型的初步协议。[3] 基于此，美国著名学者 E. Allan Farnsworth 教授在 *Precontractual Liability and Preliminary Agreement*：*Fair Dealing and Failed Negotiations*（《先契约责任和初步合同：公平交易和谈判失败》）一文中将初步协议分为将行谈判的初步协议（preliminary agreement to negotiate）和带开放条款的初步协议（preliminary agreement with open terms）两类。[4] 在将行谈判的初步协议中，当事人对多数条款已进行约定，但双方并无受其约束的意思，仅需承担为缔结合同进行谈判的义务。而在具备开放条款的初步协议中，当事人不仅对多数条款已进行约定，而且愿受这些条款约束，并对开放条款有磋商义务，直至合同缔结。倘若双方谈判不成或者一方当事人中途无故停止谈判，那么利害关系人则具有向法院寻求补充开放条款的权利。于是，从当前诸多英美法系的判例来看，当事人是否愿受所达成初步协议的约束成了关

[1] See Michael Furmston, The Law of Contract, Lexisnexis 4th edn., 2010, pp. 447–448.

[2] See A. M. Dugdale, N.V. Lowe, Contracts to Contract and Contracts to Negotiate, Journal of Business Law, 1976.

[3] See A. M. Dugdale, N.V. Lowe, Contracts to Contract and Contracts to Negotiate, Journal of Business Law, 1976.

[4] E. Allan Farnsworth, Precontractual Liability and Preliminary Agreement: Fair Dealing and Failed Negotiations, Columbia Law Review, volume 87, 1987.

键，那么两类初步协议与大陆法意义上的预约合同具有怎样的关系，值得研究。[1]

## 第二节 预约合同的理论基础

契约法不单为理论中的法，更是实务中的法，它所关注的不是如何去刻画和注解有关契约之公式，而是发现和衡量在一个不断变化着的社会中契约所要保护的权利和利益。[2] 当事人用预约来规制订约过程，不但可以对未来的交易进行自由的统筹和安排，而且可以以更强的约束力来限制对方行为，保障自己的期待利益。任何一项法律制度在某个国家或地区得以确立并获得旺盛的生命力都需要具有强大的法理基础。因而，探究预约合同的理论基础，是对预约合同展开研究不可或缺的前置性课题。预约合同制度的形成，具有私法自治和合同自由原则、法经济效益理论、诚实信用原则等法理基础。

### 一、私法自治和合同自由

私法自治为民法之灵魂，其构建以“自决”（Selbstbestimmung）为出发点，任何人都享有自由，按照自己意愿形成其私的法律关系，即为私的自治（Privatautonomie）。基于此，在经济生活和家庭生活中的一切民事权利和义务关系的设立、变更和消灭，均取决于当事人自己的意思，原则上国家不作干预。私法的任务不过是给予民事主体以决定自己与他人形成法律关系的可能性。在合同法领域，合同自由（Vertrasfreiheit）是私法自治最典型的表现。[3] 合同自由原则贯穿我国《民法典》合同编，是合同规则的

[1] 该问题将在本书第二章第三节中具体讨论。

[2] 傅静坤：《二十一世纪契约法》，法律出版社 1997 年版，第 23 页。

[3] Vgl. Flume，BGB AT Ⅱ，§1. 转引自王洪亮：《债法总论》，北京大学出版社 2016 年版，第 44 页。

基础和核心，并且与过错责任原则、所有权绝对原则一起被大陆法系国家奉为近代民法的三大基本原则。[1] 行为人可以依自己的行为去创设法律关系，通过法律赋予的拘束力，行为人的意志将成为契约具体权利和义务渊源的依据。合同自由不仅表现为当事人的合意具有法律效力，而且包含当事人享有合同的缔结自由、对相对方的挑选自由、合同形式的选择自由、合同内容的决定自由、合同的变更与解除自由、救济方式的选择自由和选择裁判的自由等。[2]

预约合同属于民商事法律规则调整的范畴，隶属私法领域。在缔结合同时，当事人并不关注合同本身，其目的在于同相对当事人嗣后变动某种法律上的权利和义务关系。预约合同的产生是市场主体基于现实需要而创设，其目的在于许诺和安排未来将要缔结本约的行为，是一种有效利用资源并实现资源优化配置的工具和手段。我国《民法典》第 495 条确立了预约合同，只要不违反法律规定和民法的基本原则，当事人当然可以就将来订立本约的事项达成合意、形成约束，其应当为法律所容许，并得到法律的认可与保护。诚然，作为当事人合意结果的预约合同，充分凸显了当事人缔结合同的自由、决定合同内容和选择合同形式的自由，是私法自治和合同自由原则的具体体现。

## 二、法经济效益理论

法经济学作为法律的经济分析（economic analysis of law），其最为重要的贡献在于发现了克服资源不足的同时，还能制造成本。[3] 以实效和交易成本为视角重新审视预约合同制度在当下市场交易环境下的实际应用，便能从中发现其所存在的价值与该当性。诚如科斯定理（Coase theorem）的

---

[1] 崔建远主编：《新合同法原理与案例评释》，吉林大学出版社 1999 年版，第 121 页。

[2] 王利明：《合同法研究》，中国人民大学出版社 2011 年版，第 158—162 页。

[3] ［美］理查德 · A. 波斯纳：《法律的经济分析》（上），蒋兆康译，中国大百科全书出版社 1997 年版，第 6 页。

表述，在一个以零或者很低成本交易的世界中，无论一开始法律上权利的原始配置怎样，只要市场主体间的权利交易是自由的，那么便会自动产生高效益的社会资源配置，从而社会资源就能得以以最佳的程度呈现。[1]该理论说明利用市场决定高效的社会资源配置应同时具备两个条件：其一，交易市场允许资源的自由流转；其二，市场的交易成本降到了最低。倘若该两个条件都已具备，那么市场主体就会在利益的驱使下主动分配社会资源，从而使社会资源得到重新组合，使物的最大利用价值发挥出来，而不至于市场交易成本的抵充导致利益的损耗。对于经济而言，法律的主要作用在于保障市场交易顺利进行，在有效降低市场交易成本的同时，促进社会资源的高效利用。契约作为实现财富的工具，法律理应确立明晰的契约缔结程序及履行规则，以保障和便捷市场交易，从而实现理想的经济效益。通常而言，市场主体是理性的，在追求利益最大化和效率最优化方面一直都处在进行时。在开放的市场经济环境下，市场主体之间有充分的理由就所期望的条件及财产的流转方式进行自由的约定，并具体规划与安排将要进行的交易，从而使有限的资源实现优化配置。

契约是自由的，它是一种灵活的工具，不断在进行自我调节，以适应新的目标。[2]效率作为社会的重要美德，法律制度特别是关涉合同的设计应服从和顺应效率价值。[3]预约合同是市场主体契约行为自我调节的产物，其符合现代社会和市场追求效率的需求。随着市场交易方式的日趋多元化及国民风险防范意识的增强，处于谈判阶段的当事人既不愿意在条件尚未成熟的情形下贸然订立合同，又不想轻易放弃谈判已达成的成果，此时便出现了当事人先达成一个契约稳定住交易及已达成的合意事项，并在这个

[1] [美] 理查德·A. 波斯纳:《法律的经济分析》(上)，蒋兆康译，中国大百科全书出版社 1997 年版，第 20 页。

[2] [德] 罗伯特·霍恩、海因·科茨、汉斯·莱塞:《德国民商法导论》，楚建译，中国大百科全书出版社 1996 年版，第 90 页。

[3] 李冬:《预约合同制度要义与立法构建》，载《求索》2012 年第 9 期。

契约中约定以后有订立最终合同义务的情形，其成为当事人可以选择的一种途径，似乎也是最切合实际的方式。因此，可以说，当事人利用预约合同，在极大程度上实现了保障交易机会的效果，有效避免了因到处寻找“备胎”而耗费不必要的精力及因此产生的交易成本。并且，在预约合同中，当事人已对某些目的合同（本约合同）的条款达成合意，这些条款将会在本约合同中出现，这样便避免了同样事项反复磋商。由此可见，预约合同的广泛应用符合法经济效益理论，也是法经济效益理论的客观体现。

## 三、诚实信用原则

诚实信用原则是预约合同制度的又一理论基石。该原则来源于罗马法“一般恶意的抗辩”及诉讼程序上“应以善意及衡平”为判断所发展起来的观念。[1] 随着社会的不断发展和法律的逐步完善，起初作为社会生活道德准则的“诚实信用”逐渐上升为一项法律原则，并在多数大陆法系国家之民法中被奉为“帝王条款”，它是人类社会的共同价值，要求人们在从事市场经济活动时，应当做到讲究信用、恪守诺言及诚实不欺，在不损害他人和社会利益的前提下，追求自己的利益。诚实信用原则隐约地反映了市场经济客观规律的要求，为一切市场参与者树立了诚实商人和诚实劳动者的道德标准，作为法律的基本原则，是法律吸收道德观念的一种典型性表现。[2] 我国民法确立诚实信用原则的社会和经济基础，不仅是培育和发展社会主义市场经济秩序的客观需要，也是建立社会主义新型人际关系的必然要求。将该原则作为法定义务，主要目的和功能在于维护缔约者在谈判阶段的利益。

从预约合同的订立到终止阶段，诚实信用原则应贯穿始终。首先，诚

[1] 马俊驹、余延满：《民法原论》（第四版），法律出版社 2010 年版，第 39 页。

[2] 梁慧星：《民法总论》，法律出版社 2007 年版，第 258 页。

实信用原则指导预约合同当事人履行义务及行使权利。预约合同的成立及生效都发生在本约合同的缔结过程当中，此时目的合同（本约）的多数条款并未形成，但通常当事人已作了大量的准备工作或者付出了无法量化的机会成本，该种情形下，便需要双方当事人本着共同恪守承诺的态度，诚实善意地履行预约合同义务，对未能达成合意的事项进行善意的磋商从而促使本约合同最终成立。其次，一般而言，当事人之间处于缔约阶段的信赖关系相对脆弱，选择订立预约合同，相关联的从义务或附随义务则是诚实信用原则补充功能的体现。最后，我国《民法典》合同编虽然填补了预约合同的立法空白，但从整体来看诸多具体问题的适用规则仍然阙如，诚实信用原则能够为司法实务中的预约合同适用难题提供该当性和合理性解释。

## 第三节 预约合同的制度价值与主要功能

价值属于关系范畴，它揭示制度的存在、作用、属性、变化以及社会主体需要之间的关系，[1] 就功能主义的法律生成观而言，社会需求为法律产生的原动力，当一项制度具有现行类似制度无法比拟的优越性时，要么在现行制度的缝隙中生存下来，要么取代现有类似制度发展下去。[2] 申言之，一个法律制度的存在，必然是为了解决某些问题，为特定利益、目的而服务的，这些利益及目的就是法律制度的功能和任务，假如这些利益与目的不复存在，法律制度也就失去了存在的基石。预约合同作为私法自治和合同自由原则的产物，始终在市场交易中居于举足轻重的地位，并在社会生活中的应用越来越普遍，其必然具有自身特殊的价值与功能，而这些价值与功能正是预约合同存在的内因和前提。

[1] 刘树凯：《论预约合同的理论基础与制度价值》，载《财经界·学术版》2011 年第 10 期。

[2] 孙宪忠：《物权法》，社会科学文献出版社 2011 年版，第 346 页。

## 一、固定交易机会，促进交易安全

一般而言，在司法实务中当事人订立预约合同最直接和最主要的目的是固定与对方的交易机会。现实生活中，合同的缔结并非都能一蹴而就，当事人对各个事项的合意也并非想象中那么一帆风顺，一个合同的成功缔结，往往经历了反复的洽谈和磋商，面对业已达成的合意条款，当事人视同至宝，但对于还未达成的事项，当事人还需要一定的时间进行磋商完成。瞬息万变的市场环境下，交易机会转瞬即逝，在这种“进则难、退则惜”的窘境中，订立预约合同成了当事人可以选择的一种途径，似乎也是此时最切合实际的决定。预约合同不仅给当事人一定的约束，也给目的合同（本约合同）一种弹性的发挥和期待，使交易处于动态中，赋予当事人更多考量和磋商的机会。

一旦当事人进入某项合同的缔约阶段，往往就不再关注甚至放弃其他同时存在的交易机会，而此时的磋商和谈判又存在一定的不稳定性，对当事人来说并没有足够的安全感。在签订预约合同以后，合同会对当事人的行为产生一定的约束力，当事人一般在思想上也会有所慎重，并不得不考虑违约以后将产生的法律后果。诚然，可以说预约合同具有规范当事人缔结正式合同前行为之作用、促使当事人慎重其事和增加安全感之效果；对市场环境整体而言，其具有促进市场交易安全之功能。

## 二、弥补缔约过失责任制度对守约方保护的缺位

在缔结合同的过程中，若当事人一方违背诚实信用原则，导致守约方的信赖（Vertrauen）利益遭受损失时，法律规定守约方可以通过缔约过失责任制度进行救济。[1] 这种信赖利益的保护方式不以合同的成立或存在为

---

[1] 刘晓琨：《德国新、旧债法比较研究——观念的转变和立法技术的提升》，法律出版社 2006 年版，第 62 页。

前提，其基于《民法典》合同编的直接规定，便可对违背诚实信用原则的一方当事人进行责难，追究其责任。该种追责形式虽然具有一定的周延性，但在司法实务中的适用效果却存在局限性，具言之，其一，事后认定具有一定的迟延性，导致守约方一般很难及时得到赔偿；其二，责任范围并不明确；其三，对受害方而言举证难度过高。相对来说，如若当事人订立预约合同，以契约的方式约定将来订立本约合同，使得责任属性由缔约过失责任变成合同责任，不仅能够给予缔约更多的确定性，而且使得赔偿范围的确定性、证明责任以及救济的主动性等方面都有了明显提升，特别是在继续履行、违约金赔偿等方面，都是缔约过失责任制度无法具备的。

由古典契约理论所构造的传统且单一的“要约—承诺”模式已无法完全满足当前市场交易的需要。[1] 在司法实务中，诸多合同如大型工程承揽合同、国际贸易合同、采购或并购合同等往往都会进行多轮次的磋商与谈判，要约与承诺的主体地位多次反复易位，最终导致当事人难以确定谁为要约人、谁该当受到要约的束缚并承担背弃要约的责任。当事人订立预约合同，不仅可以对阶段性的协商成果加以明确和负以责任，还可以规划后续本约合同签订的基本框架。[2] 另外，在要式合同或实践合同中，合同并非当事人之间的意思表示一致即可成立，还需要依照法律规定或当事人约定采用特定形式或者实际交付标的物。当事人当然可以在要式合同或实践合同条件不充备的情况下即合同未成立前约定订立合同，以弥补当事人达成合意后，因未有特定形式或标的物的交付造成的合同未成立而仅能寻求缔约过失责任救济的缺陷。正如台湾地区吴从周教授所言：“又在定约当事人双方并非对于契约内容所有之点均已达成一致之意思表示，但又想要例外地使该等约定有契约上之效力，以回避本约之严格性时，亦可以预约制

[1] 李开国、张铣：《论预约的效力及其违约责任》，载《河南省政法管理干部学院学报》2011 年第 4 期。

[2] 李冬：《预约合同制度要义与立法构建》，载《求索》2012 年第 9 期。

方式迂回达其目的。[1] 此外，预约通常为不要式，也可免去本约具有要式性或实践性之麻烦，而有其意义。”[2] 需要指出的是，这里未成立实践合同和要式合同的合意并非预约合同，只有在未成立的实践合同和要式合同时，达成以后签订本约合同的合同才能是预约合同，笔者将在本书第二章第三节预约合同的边界中对此进行详述。

## 三、延缓正式合同法律效力的发生

司法实践中，有当事人在预约合同中对本约合同所关涉的某些内容进行提前约定或描述，但是，这些内容所决定的效力并非发生在预约合同阶段。预约合同仅产生债权人请求债务人缔结本约合同的给付义务，只有在订立本约合同之时，缔约双方所期待的合同条款才能真正产生效力。从该角度而言，预约合同可以延后目的合同（本约合同）效力的产生时间。

快速建立法律约束和延缓合同效力产生都为市场交易的现实需要，[3] 现实生活中，缔约当事人选择先行缔结预约合同，延迟缔结本约合同的原因无非有两类：第一类为客观原因，又称当事人无法控制的原因，即当事人原本欲缔结本约，然而由于法律条件或客观事实的不允许，造成本约无法缔结。例如某些合同的缔结须具备特定的条件（有待机关批准、第三人同意或者仍须完善形式等）。第二类则为主观原因，属当事人故意拖延。本约合同的缔结无论是在法律上还是客观现实中都能够缔结，然而当事人基于某种利益的考量抑或其他主观原因而选择暂时不予缔结。对于该类情形，预约合同更为重要的功能在于延缓接受正式合同（本约）的约束，阻却本约合同的法律效果，对当事人在主观上考虑未臻成熟的事项给予时间上的

---

[1] 吴从周：《论预约：探寻德国法之发展并综合分析台湾“最高法院”相关判决》，载《台大法学论丛》（第 42 卷特刊）2013 年第 11 期。

[2] See MünchKomm-Kramer，（Fn. 44），§145 Rn. 36. 转引自吴从周：《论预约：探寻德国法之发展并综合分析台湾“最高法院”相关判决》，载《台大法学论丛》（第 42 卷特刊）2013 年第 11 期。

[3] 唐晓晴：《预约合同法律制度研究》，澳门大学法学院 2004 年版，第 77 页。

缓冲及决策上的观望。[1]

在奉行物权变动合意原则的国家或地区，预约合同延迟正式合同法律效力发生的功能起到的作用更为凸显，其原因主要在于，在这些国家或地区的法律中，只要买卖双方一经合意订立合同，就会产生物权变动的效果，如此一来，延后财产的转移就成为了交易中的现实需要，而预约合同延后合同效力产生的功能恰恰符合了这一现实需要。当事人不订立正式合同，选择预约合同，不仅可以缓和合意约束，而且可以阻却标的物物权变动的效果。[2] 我国民法虽不奉行合意变动的物权原则，但形式主义下的物权变动环境仍须一种工具来延迟正式合同法律效力的发生，如房地产租赁和买卖领域。并且，预约合同并非仅仅局限于延后合同的物权效力，而是延后合同的一切效力。因此，预约合同在市场交易中延缓正式合同之法律效果的功能具有重要的现实意义，其不应被忽视。

## 四、提前融资

随着经济的不断发展和市场环境的变化，预约合同的主要功能也在发生着改变。当前市场交易中，预约合同多被用作融资工具，特别是在房地产领域。《司法解释适用指南》编写小组在《商品房买卖合同司法解释适用指南》中写到，出卖人与买受人在签订《商品房买卖合同》之前先行签订《房屋认购协议书》，就房屋买卖的相关事宜进行初步确认，并收取一定数量的定金作为订立商品房买卖合同的担保，是当前商品房买卖的通常形式。[3] 而这里提到的《房屋认购协议书》，是指买受人和出卖人在签署《商

[1] 王瑞玲：《预约、本约区分和衔接的主观解释论——兼对客观解释商榷》，载《政治与法律》2016年第10期。

[2] 王瑞玲：《预约、本约区分和衔接的主观解释论——兼对客观解释商榷》，载《政治与法律》2016年第10期。

[3]《司法解释适用指南》编写组编：《商品房买卖合同司法解释适用指南》，中国法制出版社2006年版，第13页。

品房预售合同》或《商品房买卖合同》之前，对双方交易房屋的有关事宜进行初步确认所签订的协议。司法实践中，一份《房屋认购协议书》中往往会确认认购人（买受人）打算购买商品房的具体位置、楼层、户型、朝向、价格及双方签订《商品房预售合同》或《商品房买卖合同》的时间，其中，开发商承诺在一定期间保证不将房屋卖给除认购人以外的第三人，认购人则保证将在此期间遵循协议书约定之条款与开发商就买房事项进行商谈。这种认购行为的主要特征是当事人双方约定的为将来订立的合同并因此进行磋商，被广泛认为是典型的预约合同。

房地产开发需要大量的资金进行运转。一般而言，房地产商在获得土地使用权、建设工程施工权等权利后，需要大量的资金投入使用，如果待房屋交付之时再与买受人签订商品房买卖合同，将面临空前的资金压力。在这种情况下，作为出卖人的房地产开发商便寻求提前预售房屋，与买受人签订《房屋认购协议书》，作出将来签订本约并交付房屋的承诺，换取买受人的定金抑或预付款，从而实现资金上的融通。[1] 面对近几十年来房价的迅猛增长，《房屋认购协议书》在某种程度上对买卖双方都起到了关键的作用。对买受人而言，面对求大于供的房地产市场，不仅能够固定交易机会，而且可以在协议中与开发商合意价格条款从而稳定房屋价格。对房地产开发商来说，它可以为以后的房产开发提前注入源源不断的运转资金，形成稳定的资金流，减轻资金压力。

[1] 李冬：《预约合同制度要义与立法构建》，载《求索》2012 年第 9 期。

第二章

# 基础论：预约合同的内涵与外延

## 第一节　预约的特质

通过市场应用和司法实践不难发现，预约属于当事人之间合意的一种产物，它的目的和最主要的功能在于确保当事人在将来一定的时期订立特定的合同，具体而言，预约拥有以下基本特征。

### 一、本质为合同，属于债权契约

预约符合合同的一切基本特征，与其他合同一样，是基于平等地位的当事人通过协商，意思表示真实一致的结果。当事人达成预约合意之时，便负有遵守约定的义务和相应的附随义务。当预约生效后，具有请求权的预约当事人有请求对方基于诚信进行磋商，以最终缔结目的合同（本约）的权利，倘若对方拒绝履行，则产生相应的违约责任。因此，预约兼具合意性和约束性，属于合同的一种类型。另外，预约的功能和价值决定了预约合同的核心内容，即当事人在将来订立本约合同，[1] 诚然，预约合同属于债权契约，其不以物权的变动为直接目的，而以订立本约为其债务内容，对当事人产生债的效力。

值得注意的是，有多数学者提出不同观点，认为预约有单方预约和双方预约之分，单方预约亦是预约的一种形式。[2] 并列举了域外一些国家的立法例，如《日本民法典》第 556 条第 1 款和《墨西哥民法典》第 2244 条，前者规定了自预约相对人作出完成买卖的意思表示时，预约则发生效力，[3] 后者明确了缔结合同的允诺或者其他预备协议，可能为单方也可能为双方。[4] 笔者认为，所谓的“单方预约”一部分是基于英美法上单方契约的理念，[5] 而另一部分则值得研究。

英美法上的契约有双方契约（bilateral contract）和单方契约（unilateral contract）之分，双方契约是指合同的一方发出要约后，另一方做出相应的承诺才能成立的合同。而单方契约是指没有承诺人接受允诺的合同。[6] 具言之，在单方契约中，要约方发出要约后，承诺人无需做出承诺，只要他根据要约人的要约要求去做某件事情，他与要约人之间就可以产生合同关

[1] 王利明：《预约合同若干问题研究——我国司法解释相关规定述评》，载《法商研究》2014 年第 1 期。

[2] 吴颂明：《预约合同研究》，载梁慧星主编：《民商法论丛》（第 17 卷），法律出版社 1995 年版，第 542 页。

[3]《日本民法典》第 556 条第 1 项规定，买卖一方的预约，自相对人表示完结买卖的意思时起，发生效力。《最新日本民法》，渠涛译，法律出版社 2006 年版，第 122 页。

[4] Mexico Federal Civil Code，article 2244.-The promise of contract or preliminary contract is another may be unilateral or bilateral. Mexico：Federal Civil Code（as amended up to 2010），http://www.wipo.int/wipolex/en/details.jsp?id=14507，最后访问时间 2017 年 8 月 21 日。

[5] 杨桢：《英美契约法论》（第四版），北京大学出版社 2007 年版，第 10 页。

[6] A unilateral contract is one in which no promisor receives a promise as consideration for his promise. A bilateral contract is one in which there are mutual promises between two parties to the contract；each party being both a promisor and a promisee. Davide G. Epstein，Bruce A. makell，Lawrence Prnoroff，Cases and Materials on Contracts：Making and Doing Deals（Third Edition），2011 Thomson Reuters，p. 119.

系。例如，举办人登出广告宣称某天将举办帝国大厦攀登比赛，第一个登顶者可获得 2 万美元的奖金，广告发出后可能会有数百人参加，但举办者在获奖者没有产生之前，实际上没有与任何人形成合同关系，但是只要有人第一个爬上楼顶，那么这个人就与举办者形成了合同关系，举办人必须给这个人发 2 万美元的奖金。因此，可以说单方契约和双方契约最根本的区别是有无确定的承诺人作出承诺，如果单方契约有具体的相对方作出承诺并经允诺人同意，则单方契约将成为双方契约。[1] 但从中可得知，即便是单方契约，如果没有相对方的“事实行为”，最终也不能称之为合同，因为在英美合同法中其仅仅为一项允诺（promise）抑或要约（offer）而已。据此看来，如果按照英美法上的分类，预约合同也可以呈现为单方合同的形式，例如，房地产开发商向社会不特定人发出允诺，只要支付 2 万元定金便可与其签订《房屋认购书》。但是，通过以上概念的比较不难发现英美合同法上的双方契约与单方契约同大陆法系中双务合同与单务合同属于两个维度上的概念。英美法对契约的定义多被引用为允诺说，即“契约乃为一个允诺或一组允诺……”[2] 该学说在一定程度上掩盖了合同为当事人之间合意的结果，与我国合同规则所采用的协议说不尽相同。另外，通过对域外所谓的“单方预约”立法例及司法裁判文书考察不难发现，其所指的单方预约与英美法上的单方契约并非同一范畴，其事实上属于大陆法系国家的单务预约合同。正如日本著名法学家近江幸治所作的分类和注解：单方预约属单务预约，其中只由一方当事人担负义务；而双方预约属双务预约，则由双方当事人担负义务。[3]《日本民法典》第 556 条第 1 款的规定事实上是对预约合同效力生效的规定，生效取决于双方当事人订立预约时的约定，

[1] See Davide G. Epstein, Bruce A. makell, Lawrence Prnoroff, Cases and Materials on Contracts: Making and Doing Deals (Third Edition), 2011 Thomson Reuters, p. 122.

[2] [美] 兰迪 · E. 巴尼特《合同法：案例与原理》(第三版)，中信出版社 2003 年版，第 11 页。

[3] [日] 近江幸治:《民法讲义：契约法》，成文堂，第 123 页。转引自梁慧星:《预约合同解释规则——买卖合同解释（法释〔2012〕8 号）第 2 条解读》，载中国法学网，http://www.iolaw.org.cn/showArticle.aspx?id=3462，最后访问时间 2017 年 9 月 30 日。

如果仅一方有权利，通知相对方则产生效力。此被该国民法理论称为“预约完结权”，[1]事实上就是一种形成权，权利对象即为预约合同的效力，其中并未涉及预约合同的成立。

就我国民法语境下，预约合同的成立是双方甚至是多方达成合意的结果。如果单方当事人的意思表示就可以生成预约合同，势必会造成概念混淆和司法实务的混乱，将无法界分预约、要约或部分单方行为。另外，大陆法系下的预约合同有单务和双务之分，双务预约合同的双方当事人都有义务在未来缔结特定合同；而单务预约合同则仅有一方当事人负有义务订立特定的合同。[2]在单务合同中，预约对方当事人或者合同已约定的第三人享有缔约之请求权。[3]该类预约的效果不仅维护了权利人的缔约自由，而且保障了其追求的缔约目标，[4]其完全符合预约合同的所有特征。例如，甲乙双方约定，15天后甲就买乙小汽车的事项签订买卖合同，但介于甲还要参考其他车辆，有权利最终拒绝签订买卖合同。

## 二、形成于本约订立之前且独立于本约

预约是为合同一方或双方当事人设定将来一定期限之内完成本约之订立义务的合意体现。[5]在市场交易中，人们之所以选择订立预约，通常是由于某些法律上或现实中的原因导致目的合同（本约）订立不能，抑或是当事人基于某种利益的考量要延缓目的合同的成立时间，所以预先拟订一

[1] [日]铃木禄弥：《债权法讲义》（四订版），创文社，第139页。[日]近江幸治：《民法讲义：契约法》，成文堂，第123页。转引自梁慧星：《预约合同解释规则——买卖合同解释（法释〔2012〕8号）第2条解读》，载中国法学网，http://www.iolaw.org.cn/showArticle.aspx?id=3462，最后访问时间2017年9月30日。

[2] 王泽鉴：《债法原理》，北京大学出版社2009年版，第115页。

[3] Baslerkommertar zum OR/Eugen Bucher，2007，Art. 22. 转引自汤文平：《瑞士预约制度研究》，载《西部法学评论》2011年第4期。

[4] Nicolas R. Herzog，Der Vorvertrag im schweizerischen und deutschen Schuldrecht，Rn，119. 转引自汤文平：《瑞士预约制度研究》，载《西部法学评论》2011年第4期。

[5] 王洪亮：《债法总论》，北京大学出版社2016年版，第62页。

个合同主要使一方或双方当事人受到将来订立目的合同的法律约束。[1] 正如美国学者 E. Allan Farnsworth 对预约合同的形象描述："预约（precontract）可以被称为谈判当事人从一开始的最初谈判到最终达成协议之间的驿站，是他们不愿意迅速缔结协议时自由分配谈判风险的一种工具。"[2] 诚然，对于本约合同而言，预约合同具有预备性和阶段性，其必然形成于本约合同订立之前，出现于本约的订立进程中。预约合同订立之时本约合同尚未成立，本约合同成立之时预约合同完成使命，随之终结，如果当事人谈判磋商后直接订立本约合同，预约合同便没有存在的意义。

预约合同形成于本约的磋商阶段，它同本约合同的关系主要存在三种学说的争论，即一个合同说、两个合同说和合同更新说。[3] 合同更新说以在不改变当事人的情况下成立一个取代原合同的新合同为立场，认为当本约合同成立时，预约合同便被本约合同的内容所吸收和取代，相当于债之更新。而一个合同说认为预约合同形成于本约的磋商阶段，它追求本约已如此确定，没有独立的意义，其就是本约的一个部分，与本约实为一个合同，在债法中并无可容性（Zulässigkeit）而言。[4] 当前学界普遍赞同两个合同说的观点，即本约同预约为两个合同，它们相互牵连但又彼此独立。[5] 事实上，预约合同是双方当事人达成合意的结果，目的为最终订立本约合同，即便本约合同没有成立，预约合同对当事人仍具有拘束力。本约合同与预约合同有着不同的权利和义务关系，两者在法律上是相互独立的，属于不同的合同。

---

[1] 郑玉波：《民法债编总论》，陈荣隆修订，中国政法大学出版社 2004 年版，第 30 页。

[2] E. Allan Farnsworth，Precontractual Liability and Preliminary Agreement：Fair Dealing and Failed Negotiations，Columbia Law Review，volume 87，March 1987.

[3] 王利明：《预约合同若干问题研究——我国司法解释相关规定述评》，载《法商研究》2014 年第 1 期。

[4] See Bucher，in：Basler，2007，Art. 22，N. 1，29. 转引自汤文平：《论预约在法教义学体系中的地位——以类型序列之建构为基础》，载《中外法学》2014 年第 4 期。

[5] 王利明：《预约合同若干问题研究——我国司法解释相关规定述评》，载《法商研究》2014 年第 1 期。

## 三、目的旨在订立本约，标的为在将来完成本约订立之行为

预约合同与本约合同是两个相对的概念范畴，预约合同是本约合同的“预备”，本约合同是预约合同追求的结果。[1] 通常在实践中，当事人经过初步磋商或出现交易机会时，由于某些事实或法律层面上的缘由阻却了目的合同（本约）的订立，抑或是基于某种利益的考量需要延缓目的合同的成立时间，便通过预约的方式对未来本约的订立作出安排，使对方负有订立目的合同（本约）的义务，从而“锁住”交易。[2] 可以说预约是缔结本约的手段，最终目的是订立本约，因此，相关当事人最终应当完成本约的订立之条款便成了该类合意的必需。而给付作为合同的标的，是债务人必须履行的指定行为。[3] 那么在将来某一时间点订立本约的行为即为预约合同的标的。例如 A 企业与 B 企业协商采购一批医学器材，因规格要求较高，需要 B 企业先做出合格的样品后 A 企业才考虑采购，但后因经济下行压力，A 企业调整采购方略，终止与 B 企业谈判。此案中 A 企业无需担负违约责任，因为“考虑采购”说明了双方并未明确将来要订立买卖合同（本约），因缺少标的条款而无法形成预约合同。最后需要明确的是，预约合同标的上的行为属于积极的给付，即当事人应在约定的时间内进行磋商谈判以完成本约的订立或直接订立本约。

## 四、为诺成合同、不要式合同

预约合同的标的为订立本约的行为，所指向的对象为本约合同，它的成立仅需当事人之间达成合意即可，而不存在物之交付，因此，可以说预

[1] 刘承韪：《预约合同层次论》，载《法学论坛》2013 年第 6 期。

[2] 吴从周：《论预约：探寻德国法之发展并综合分析台湾“最高法院”相关判决》，载《台大法学论丛》（第 42 卷特刊）2013 年第 11 期；郑玉波：《民法债编总论》，陈荣隆修订，中国政法大学出版社 2004 年版，第 30 页。

[3] 余延满：《合同法原论》，武汉大学出版社 1999 年版，第 68 页。

约合同为标准的诺成合同。预约合同的诺成性不仅体现了法律对当事人意思自治的尊重，而且反映了预约合同自身的价值和功能。如前文所述，预约合同源起于罗马法的要物契约制度（Realverträge），对其的使用起初主要是为了弥补罗马法“物之交付”方能成立合同的弊端。[1] 其缓和了契约要物性对相对人的保护不足，凸显了当事人的合意地位。相反，如果将预约合同归类于要物合同，不仅缺少法理基础，而且将重蹈覆辙，使当事人之间的权利和义务关系变得复杂，最终阻碍市场交易。

预约作为一种具备特殊功能的合同类型，有关其成立形式上是否应有特别的要求，理论上有很多相关的讨论。在本约合同为法定要式的情形下，预约合同的成立形式目前存在要式说、非要式说和非要式的二元论的争论。要式说主张凡为预约皆为要式，预约当事人应当以书面形式为之，但是又不仅限于书面之形式，从而加强并保障预约合同的确定性和稳定性，减少发生纠纷的概率，同时使缔约人之间的权利和义务关系更加清晰确定。[2] 非要式说主张本约合同与预约合同本就是两个相互独立的合同。预约合同旨在为本约的订立提供保障，它并不涉及本约合同的主要内容，虽然两者具有一定的牵连性，但并不因此将法律对本约的形式要求渲染至预约合同中。[3] 就域外法律而言，《法国民法典》和《日本民法典》是非要式说的具体体现。非要式的二元论认为，本约合同为非要式合同的，预约合同原则上应为非要式合同；[4] 但是，如果本约合同为要式合同的，则出现了要式说和情形决定说的分野。要式说认为，法律（对本约）有要式之规定，其预约亦应具备要式才能成立。[5] 瑞士和我国澳门地区法律就是此观点的具体

---

[1] 钱玉林：《预约合同初论》，载《甘肃政法学院学报》2003 年第 8 期。

[2] 高桂林、刘文杰：《预约合同的性质初探》，载《石家庄经济学院学报》2013 年第 6 期；徐国栋：《绿色民法典草案》，社会科学文献出版社 2004 年版，第 511 页。

[3] 王利明：《预约合同若干问题研究——我国司法解释相关规定评述》，载《法商研究》2014 年第 1 期。

[4] 林诚二：《民法债编总论——体系化解说》，中国人民大学出版社 2003 年版，第 47 页。

[5] 黄茂荣：《债法总论》（第一册），中国政法大学出版社 2003 年版，第 106 页。

体现。[1] 而情形决定说认为，此时应当依情形来决定预约合同是否应为要式之合同。[2] 详言之，当本约合同为法定要式之时，要首先考察本约合同应为要式的缘由。如若本约的要式是为了保全证据时，预约不必与本约采用相同的订立形式。[3] 相反，如若本约的要式是为了促使缔约人谨慎考虑订约之事，那么预约就应该采用同本约相同的订立模式，以此来贯彻规范要式契约的目的。德国法采取情形决定说的观点，当本约为法定要式时，预约的形式取决于该规定的保护目的。[4] 根据学者 K.heldrich 对契约法定形式之目的的分类（内容明确之目的、证据确保之目的、避免仓促之目的、对外公告之目的、公益监督之目的），[5] 一般认为，如果基于避免仓促（慎重或警告）之目的，则预约合同亦应有要式之规定，[6] 如德国旧民法第 313 条第 1 项第 1 句（新民法第 311b 条第 1 项第 1 句）有关不动产转移之债权契约应经公证程序，则其预约亦应公证；又如德国新民法第 766 条保证契约应以书面形式签订，对保证预约亦有适用。但是，如果基于内容明确之目的或证据确保之目的，则预约合同无需为要式，签订即可成立。如德国旧民法第 556 条，有关租赁契约期限超过一年应以书面形式签订，未以书面形式签订的，视为不定期租赁的要式规定，德国帝国法院及联邦最高法院一直采纳的意见是原则上对于此种租赁的预约合同，并不需要适用要式之形式。

---

[1]《瑞士债法典》第 22 条第 2 款规定，法律为保护当事人而规定将来订立的合同采用特定形式始得生效的，预约合同也应当采用这种形式。《瑞士债法典》，吴兆祥、石佳友、孙淑妍译，法律出版社 2002 年版，第 5 页。我国《澳门民法典》第 404 条规定，某人基于一协议而有义务订立特定合同者，该协议有关本约合同之法律规定，但当中涉及本约合同方式之规定或因本身存在之理由而不应延伸适用于预约合同之规定除外。中国政法大学澳门研究中心:《澳门民法典》，中国政法大学出版社 1999 年版，第 106 页。

[2] 黄茂荣:《债法总论》（第一册），中国政法大学出版社 2003 年版，第 106 页。

[3] 王泽鉴:《债法原理》，北京大学出版社 2009 年版，第 117 页。

[4] 郑玉波:《民法债编总论》，中国政法大学出版社 2004 年版，第 31 页。

[5] See Henrich，（Fn. 8），S. 152. 转引自吴从周:《论预约：探寻德国法之发展并综合分析台湾“最高法院”相关判决》，载《台大法学论丛》（第 42 卷特刊）2013 年第 11 期。

[6] 郑玉波、陈荣隆:《民法债编总论》，三民书局 2002 年版，第 42 页。

对于当事人以约定要式的方式订立本约合同，这种约定的效力能否及于预约合同，也存在要式说、非要式说和解释说的争论。要式说与前文本约为法定要式情形下的要式说的观点一致，笔者此处不再赘述。而非要式说同样基于预约合同的独立性进行主张，即如若当事人对本约合同的成立形式已经做出了约定，这种约定的效力仅针对本约而非涉及预约，才是法律或法学理论普遍认同的将预约和本约作为两个相互独立的合同的意旨之体现。[1] 解释说为德国、我国台湾地区法律实践和理论所认同，其对当事人以约定要式的方式订立本约的，则会解释当事人的意思，视其是否也要将该方式的要求扩展到预约或仅在本约合同中适用。[2]

综合分析以上观点，无论本约是否为约定要式还是法定要式，笔者都倾向于非要式说的观点。首先，诚如王利明教授的见解，合同的要式与否取决于法律规定或当事人的意定，作为契约自由的产物，当事人当然可以在不违背法律的前提下采用意定方式订立预约合同。目前，我国法律并无预约合同应为要式合同的规定，倘若在司法实践中以要式说的观点完全否定无要式预约合同之成立，不但缺乏法律依据，还会造成市场混乱。其次，法律之所以对某些合同采取强制方式，目的是警告、保全证据或明确内容，并有确保合同关系的公开性和促进一定债权流通性等法律政策的保护。[3] 预约合同在我国尚未形成成熟的法律制度，但在司法实务中却经常出现，虽然预约合同亦存在要式合同的必要性，但这种必要性在目前国内司法实践状况下，与其他非要式合同等量齐观。最后，预约合同独立于本约，目的却在于本约，在现实生活中，其很多时候是由于目的合同（本约）暂时无法满足形式的要求抑或批准的要求而被缔约人

---

[1] 王利明：《预约合同若干问题研究——我国司法解释相关规定评述》，载《法商研究》2014 年第 1 期。

[2] BGH NJW 1958，1281=MDR 1958，657. 转引自吴从周：《论预约：探寻德国法之发展并综合分析台湾“最高法院”相关判决》，载《台大法学论丛》（第 42 卷特刊）2013 年第 11 期。

[3] 王泽鉴：《民法总则》，三民书局 2000 年版，第 328 页。

广泛使用，若在其成立之形式上太过苛刻，无异于取缔预约之应用。[1] 因此，预约合同应为不要式合同，当然，如果当事人对预约合同的形式另有约定则除外。

## 五、具有期限性

预约合同为缔约当事人在本约合同之磋商阶段所达成的合意，旨在确保在未来期待的时间内顺利地完成本约的缔结。[2] 若当事人未约定要在将来的某一时间段内订立目的合同（本约），抑或对目的合同订立的时间约定模糊，该合意不能被认定为预约合同。司法实务中，预约合同违约责任的认定往往基于一方当事人拖延签订本约的时间，如果以不着边际的期间期许未来订立目的合同，势必会导致权利义务的抽象化和空心化，预约合同的效力就无从谈起，会由于缺乏法律约束意图而可能成为一份意向书或备忘录。[3] 例如，A 与 B 约定，A 将把自己仅有的一处房产卖给 B，并且双方以后会订立房屋买卖合同，该协议事实上就不具有约束力，不能被认定为预约合同。

比较域外预约合同的立法例，对预约合同有法律规定的国家基本都明确要求预约应当具有期限性条款。例如《墨西哥民法典》第 2246 条规定："合同之允诺……应限定在确定的时间内。"[4]《秘鲁民法典》第 1416 条和第

[1] 汤文平：《论预约在法教义学体系中的地位——以类型序列之构建为基础》，载《中外法学》2014 年第 4 期。

[2] 王洪亮：《债法总论》，北京大学出版社 2016 年版，第 62—63 页。

[3] 刘承韪：《预约合同层次论》，载《法学论坛》2013 年第 6 期。

[4] Mexico Federal Civil Code, Article 2246. -For the promise to contract is valid must be in writing, contain the characteristic elements of the final contract and limited to a certain time. Mexico: Federal Civil Code (as amended up to December 24, 2013), http://www.wipo.int/wipolex/en/details.jsp?id=14507，最后访问时间 2017 年 10 月 11 日。

1417 条甚至将期限予以限定，[1] 要求最多不能超过一年，如若约定超期则自动缩短为一年。当预约合同中缺少期限条款时，适用最高期限（一年）。同时，还赋予了双方当事人届时更新订立本约合同期限的权利，以便消减当事人因订立本约合同期限过长而可能引发的焦虑和不安，即“缔结协议，可以在不多于前一条所定最高期限之期限届满及其随后时间，准予更新”。更为详细的是，《秘鲁民法典》第 1432 条和第 1424 条还对单务预约合同的权利人在订立本约合同的选择权上规定了期限及期限更新规则。[2] 相对于域外法律的详细规定，我国《民法典》第 495 条和《买卖合同解释》具有相同的规定，即“……约定在将来一定期限内订立……”由此可见，我国法律对预约合同中是否具有期限性条款持肯定态度。正如《买卖合同解释》编写小组在该司法解释出台以后所做的说明，“该句规定旨在凸显预约合同的期限性”[3]。

需要补充的是，虽然域外一些国家或地区法律将预约合同的期限性条款加以时间限定，但在我国复杂的司法情形下不宜采取该做法。在订立预约合同时，只要其中有条款能够说明或指出订立本约的明确时间，双方当事人便形成了具体的权利义务关系。例如，房地产开发商与客户签订《房屋认购协议书》，其中明确约定在开发商的预售资格证颁发时，双方应签订《商品房预售合同》，其满足了期限性条款，该《房屋认购协议书》为预约合同。

[1]《秘鲁民法典》第 1416 条规定：“订立合同协议的期限不得多于一年，任何超过将被缩减到一年的期限 ，在缺少协议规定的期限时适用本条最高期限。”第 1417 条规定：“缔约协议，可以在不多于前一条所定最高期限之期限届满及其随后时间，准予更新。”

[2]《秘鲁民法典》第 1432 条规定：“所有选择权均受制于 6 个月的最高期限，任何超过将自动缩减到上述期限。”第 1424 条规定：“在选择权期限届满及其随后时间，当事人可以通过规定一个不超过与前一条所规定的最高期限的期限，从而对选择权的期限予以更新。”

[3] 最高人民法院民事审判第二庭编著：《最高人民法院关于买卖合同司法解释理解与适用》，人民法院出版社 2016 年版，第 52 页。

## 第二节 预约合同的构造

### 一、预约合同的成立

通过上文对预约合同的特质分析，其本质上属于债权契约，作为一种特殊类型的合同，应具备一般合同成立的条件：一是要有两个或两个以上的当事人；二是意思表示具有一致性。[1] 当然，倘若当事人约定了还需其他特殊条件才能订立预约合同，则具备才能成立。根据上文的分析，这里的具备特殊条件才能成立的预约合同，只能为要式合同一种情况。问题是，如果当事人对预约合同的形式作出了约定，但事实上仅以诺成的形式达成合意，嗣后成功订立了本约合同，此时预约合同的瑕疵是否因此而被治愈（heilung）？有德国学者认为，预约因违反方式而无效的，如果此种无效违反诚信原则，此时应承认预约具有事实上的效力。[2] 亦有学者认为，本约合同成功的订立使得预约合同变得多余（gegenstandslos），但并不是因为此而导致成立了预约合同。[3] 本书赞同后者的观点，预约当事人既已约定了成立预约应需要特定之形式，那么该种形式就成了预约合同成立的必备要件，如果最终没有达到形式要求，那么预约合同便始终没有成立，更无所谓合同效力，因此，并不能以嗣后本约合同的成立或者其他原因（诚信原则）来弥补预约合同形式上的欠缺。

预约合同虽具有诸多特性，但仍应遵循合同成立的一般规则。根据《民法典》的规定，合同内容明确具体是合同成立的基本条件。如果当事

[1] 马俊驹、余延满：《民法原论》（第四版），中国法制出版社 2010 年版，第 506 页。

[2] See Henrich，（Fn. 8），S. 170ff.；Soergel-Wolf，（Fn. 49），§145 Rn. 63. 转引自吴从周：《论预约：探寻德国法之发展并综合分析台湾“最高法院”相关判决》，载《台大法学论丛》（第 42 卷特刊）2013 年第 11 期。

[3] 吴从周：《论预约：探寻德国法之发展并综合分析台湾“最高法院”相关判决》，载《台大法学论丛》（第 42 卷特刊）2013 年第 11 期。

人约定的内容具有不确定性，就无所谓受其意思表示的约束，预约合同则无法成立。[1] 另外基于合同自由原则，合同的内容具有开放性，预约当事人当然可以依法自由约定合同内容，但应限定在合同性质并不因此改变的前提下，例如因此进入本约合同的范畴。诚然，就预约合同的内容而言，预约合同具有确定性和一定的开放性。预约合同内容的确定性，一方面要求条款表述明确，例如当事人在达成协议过程中，一方当事人向另一方发出函电："原则上同意该协议，可以考虑签约"，该种表述因使用"原则上""考虑"等词语，使内容上缺乏确定性，不能认为达成协议。[2] 另一方面需要预约合同成立所必须具备的条款予以明确，易言之，预约合同的必要条款为何。其亦是界分其他相似文件如本约合同、意向书的前置性问题。

从预约合同的目的和功能来看，合同内容至少应具备订立本约合同的意思条款。但是，对于其他还应具备的条款，理论界聚讼不已。我国台湾地区学者黄立教授认为："原则上任何一方，得要求缔约，然履行的要求，只有于主契约的内容于预约中已足够确定时，始能获胜诉的判决。若以预约建立的缔约义务并不充分确定，亦无法以解释确定预约的内容，则其义务及预约均不发生效力。就预约的确定性，应依个案的情况斟酌当事人的利益判定之。"[3] 王利明教授则认为，预约合同如若成立，则应当具备当事人、标的以及未来订立本约合同的意思表示等三个必备要素。[4] 学者刘俊臣认为，确定的标准应包含两个方面，即一方面缔约当事人的目的为缔结合同，并非为缔结的意向，如"A 计划购买 B 的小汽车"，该表述就未达到内容确定性的标准；另一方面在当事人成约之基本要件上，如标的物的

[1] 最高人民法院民事审判第二庭编著：《最高人民法院关于买卖合同司法解释理解与适用》，人民法院出版社 2016 年版，第 52 页。

[2] 刘俊臣：《合同成立基本问题研究》，中国工商出版社 2003 年版，第 162 页。转引自王利明：《合同法研究》（第一卷），中国人民大学出版社 2015 年版，第 45 页。

[3] 黄立：《民法债编总论》，中国政法大学出版社 2002 年版，第 48 页。

[4] 王利明：《预约合同若干问题研究——我国司法解释相关规定评述》，载《法商研究》2014 年第 1 期。

种类、价格、质量标准等需要明确。[1] 学者钱玉林认为，预约合同的成立需要两个基本条件同时具备，即订立本约目的之合意和内容要有本约合同的要约之标准，而标的及数量是构成该要约的基本要素。[2] 学者陆青综合《合同法解释（二）》第1条的规定和《民法典》第472条的规定 [3] 认为，既然预约合同属于合同的一种，则至少应具备合同成立的一般条件，如标的、数量、当事人等。[4] 并且，有学者在此基础上提出，可将预约合同以内容详细程度划分为三类，即简单预约、典型预约和完整预约。其中，简单预约仅包括标的、数量、当事人等三个基础要素；典型预约在基础要素上添加了价格要素；而完整预约则如其所名具备了本约的全部内容。[5]《买卖合同解释》编写小组对此问题的观点与学者陆青的观点相同，而针对司法实践中普遍存在的商品房买卖预约合同，则提出其成立除有根据预约要在将来订立本约合同的意思表示外，还应具有标的物（房屋）的一些基本情况，类似于大致面积、层次和具体坐落位置等。[6] 需说明的是，上述各种观点所指的"标的和数量"，为目的合同（本约合同）之标的和数量，而非预约合同的标的和数量。

通过比较上述观点可以发现，诸多学者虽有分歧，但存在一个基本共识，即预约合同的成立必须具备两个要素，即缔约双方未来订立本约合同的真实表意和本约合同之标的。事实上，合同条款是合同内容的切实反映，其往往通过缔约当事人之间的协商而产生，它记述着缔约双方之间的具体权利和义务，以其在合同中的作用之不同，有普通条款和必要条款之分。

---

[1] 刘俊臣：《合同预约若干法律问题初探》，载《法律适用》2002年第4期。

[2] 钱玉林：《预约合同初论》，载《甘肃政法学院学报》2003年总第69期。

[3] 需要说明的是，该处的《合同法解释（二）》为《最高人民法院关于适用〈中华人民共和国合同法〉若干问题的解释（二）》的简称，其第1条第1款规定："当事人对合同是否成立存在争议，人民法院能够确定当事人名称或者姓名、标的和数量的，一般应当认定合同成立。但法律另有规定或者当事人另有约定的除外。"

[4] 陆青：《〈买卖合同司法解释〉第2条评析》，载《法学家》2013年第3期。

[5] 刘承韪：《预约合同层次论》，载《法学论坛》2013年第6期。

[6] 最高人民法院民事审判第二庭编著：《最高人民法院关于买卖合同司法解释理解与适用》，人民法院出版社2016年版，第52页。

就我国民法典合同编的规定和当前司法实践来看，虽然各式各样的合同性质相异，每种合同必要条款也不尽相同，但标的和数量却是各种合同的“交集”和“公约”。究其原因，标的是构建当事人之间相应关系之基础，如若欠缺，缔约人之间的权利和义务则无目标可言。数量则保障合同全面正确履行，是确定标的之具体要件。如果两者任缺其一，都无法通过法律之推定性条款进行解释与弥补。诚然，构成一般合同的必要条款有标的和数量。[1] 除此之外的其他条款（普通条款），如若当事人约定不明甚至没有约定，都可以在合同缔结后进行补充；当事人无法对补充事项达成合意的，也完全可以根据相关的合同条款、法律的补充性规定抑或交易习惯进行确定，我国《民法典》第 510 条及第 511 条的规定都对此明确地作出了说明。当然，对于法律特别规定或依合同性质所决定的其他条款必须为某项合同成立所具备的条款，以及缔约一方当事人要求合同必须具备的其他条款的，亦应为合同的必要条款。[2] 综上，我国合同应当具备以下四个必要条款：标的及数量条款；因法律特别规定而必须具备的条款；因合同性质的要求而必须具备的条款；因缔约当事人一方要求而必须具备的条款。[3] 预约合同作为一种合同类型，逻辑上应符合一般合同的必要条款标准。如果将当事人一方要求必须具备的其他条款抛开不论，那么预约合同的必要条款应当是：（1）标的（将来订立本约合同的合意）；（2）数量；（3）订立本约合同的期限（依法律特别规定或合同性质而确定）。但是，如果以此三个条件作为预约合同成立的必要条件将会出现两个问题：其一，数量条款无法确定，因为所指向标的无法以数量衡量；其二，将来订立本约合同的行为和合意都将空心化，在现实中权利和义务无明确具体对象，无法落地。例如，甲乙双方签订协议，协议中只写明双方 15 天之内签订买卖合同，而对要签订的对象，即本约合同之相关事宜却只字未提。

[1] 马俊驹、余延满：《民法原论》（第四版），法律出版社 2010 年版，第 529 页。

[2] 马俊驹、余延满：《民法原论》（第四版），法律出版社 2010 年版，第 529 页。

[3] 需要说明的是，笔者并未将当事人作为合同必要条款在此罗列，因为当事人为合同的一项必要要素，而并非合同成立的必要条款。

事实上，虽然预约合同为合同的一种类型，但其自身的特殊性决定了不能完全以普通合同必要条款的范式来推导其成立的条款。一个合同的必要条款是根据法律规定、合同性质及当事人要求所决定的。[1] 因此，抛开法律规定和当事人要求因素，只有结合预约的特殊性和合同的普通性才能探寻预约合同的必要条款。预约是为合同一方或双方当事人设定将来一定期限之内完成本约之订立义务的合意体现，[2] 其产生于本约合同的缔结进程中，围绕着本约合同的相关事宜，终止于本约合同订立时，具有预备性和暂时性，必然包含本约的标的条款。否则，将无法形成具体的权利和义务关系，最终可能导致当事人之间的合意成为一项无实际约束效力的意向书。另外，由于预约合同的标的特殊，无法以数量来衡量，因此，其自身不应具备数量条款；再者，预约合同具有期限性，因此，预约的成立应具备期限性条款，这一点与《民法典》第 495 条的规定统一，其同样属于法律规定的必要条款。综上所述，在当事人无特殊要求的情形下，预约合同成立的必要条款为：将来订立本约合同的合意（标的条款）、期限性条款、目的合同（本约）的标的条款。

值得研究和注意的是，标的与数量条款作为我国合同成立的两项必要条款，预约合同的成立应有目的合同（本约合同）的标的条款，那么是否也应同样具有目的合同的数量条款？上文提到的很多学者对此持肯定态度。[3] 对此，笔者不能认同，预约合同的目的和订立时间特殊，司法实践中，目的合同（本约合同）的具体数量属于一些预约合同的磋商对象，在缔结预约合同的同时，目的合同的数量条款无法确定抑或只能确定部分要素。例如，张三与某房地产开发商达成《房屋认购协议书》，某房地产开

[1] 马俊驹、余延满：《民法原论》（第四版），法律出版社 2010 年版，第 529 页。

[2] 王洪亮：《债法总论》，北京大学出版社 2016 年版，第 62 页。

[3] 钱玉林：《预约合同初论》，载《甘肃政法学院学报》2003 年总第 69 期；陆青：《〈买卖合同司法解释〉第 2 条评析》，载《法学家》2013 年第 3 期；刘承韪：《预约合同层次论》，载《法学论坛》2013 年第 6 期；最高人民法院民事审判第二庭编著：《最高人民法院关于买卖合同司法解释理解与适用》，人民法院出版社 2016 年版，第 52 页。

发商愿意将某处的一些相同规格商品房以 50 万元一套的价格卖给张三，但双方就具体购买数量继续进行磋商并在一个月内签订房屋买卖合同。又如张三与某房地产商达成合意，某房地产开发商愿意将某地产其中的一套房屋以每平方米 1 万元的价格卖给张三，并将在一个月内签订房屋买卖合同，此案中房屋虽然确定了一套，但面积等数量因素还有待双方当事人磋商。因此，预约合同的成立不必具有目的合同（本约合同）的数量条款。

对于预约合同成立内容的确定，更大的意义在于明确了其余无拘束力意向文本的界限。但反推又会出现另一个问题，即预约合同的内容详细的临界点在哪里，以至于其不会僭越到本约合同的范畴？一般而言，合同的内容具有开放性，其是意思自治原则的体现，预约合同也不例外，其内容上并无合法语境下的限定，预约当事人当然可就目的合同（本约合同）的一些条款达成合意，但这个界限在哪里事实上就牵扯预约合同和本约合同的区分问题，笔者将在本章第三节预约合同的界定中对此进行详细探讨。

## 二、预约合同的变更、生效与终止

预约合同与其他合同一样，在实务中也经常会出现内容变更的情形。问题是预约合同与本约合同具有一定的牵连性，在司法实践中很多预约合同具有本约性条款的内容，如价金或数量条款（就买卖预约合同而言），当事人如果在签订本约合同时对这些条款作出变更，那么事后是否还可以基于预约合同的约定主张权利？抑或预约合同中已约定的条款在之后所订立的本约合同中未涉及，是否等于该条款已经被撤销？当事人是否还可以基于预约合同的约定主张权利？诸项问题在司法实践中经常引发纠纷。为了更深入地研究，笔者将以《人民法院报》总第 7009 期刊登的“程某与某房地产有限公司商品房预售合同纠纷案”为引并展开讨论。[1]

[1] 徐蓬勇、陈海鸥：《本约合同签订后预约合同的效力认定——浙江省永嘉县人民法院判决原告程某诉被告某房开公司商品房预售合同纠纷》，载《人民法院报》2017 年 5 月 18 日，第 6 版。

自2012年起，被告某房地产有限公司为募集资金开发某楼盘，向社会发布了一系列宣传广告，并公布和设置了售楼书及样板房。其中，售楼书和广告上明确宣传其所开发的楼盘内部有五星级会所，东侧还有高档五星级酒店等。来年8月，原告与被告签订了《商品房预定协议书》，其中第5条明确约定完全以被告的宣传广告、售楼书和样板房为交付标准并作为即将签订的《商品房买卖合同》之附件。5天之后，原、被告双方正式签订《商品房买卖合同》，该合同中有一附件重新对房屋的结构、平面布局、装饰标准、建筑质量以及相应的配套和附属设施等内容进行了详细的约定，称上述内容应以实际实施和交付的为准。在该楼盘完工之后，原告发现被告方已将样板房拆除，所谓的五星级会所和酒店也不见踪影。遂诉至法院，请求确认《商品房预定协议书》第5条有效。

此案经审理以后一审法院认为，原、被告双方在《商品房预定协议书》中约定了将于预定期满之前签订《商品房买卖合同》，依照《买卖合同解释》第2条之规定，该《商品房预定协议书》应认定为预约合同。在签订《商品房买卖合同》之后，《商品房买卖合同》即本约合同则吸收了当事人原本在预约合同中的权利及义务，并由《商品房买卖合同》进行调整。现原告再来请求确认预约合同《商品房预定协议书》的效力已毫无意义可言，以此驳回原告的诉讼请求。后原告对一审法院的判决不服，提出上诉，经审理二审中院作出以下判决：《商品房预定协议书》第5条的内容并不违背法律与行政法规的强制性规定，属缔约双方真实的意思表示，应当认定有效。然而在《商品房买卖合同》的附件中，对《商品房预定协议书》第5条所提及的相关事项进行了重新约定，属对《商品房预定协议书》第5条的取代，故驳回上诉，维持一审原判。后此案又经过了再审，再审裁定理由与一审相同，驳回了一审原告的再审申请。[1]

---

[1] 本案一审案号为（2015）温永瓯民初字第232号；二审案号为（2016）浙03民终1207号；再审案号为（2016）浙民申3265号。转引自中国裁判文书网，http://wenshu.court.gov.cn/website/wenshu/181107ANFZ0BXSK4/index.html?docId=9744d89454004ce4946aa74700947570，最后访问时间2017年10月21日。

从上述对案件的审理情况可以看出，虽然三次裁判结果一样，但二审的裁判理由与一审和再审的理由不尽相同，并且学界对此也有不同的看法，有观点认为，综合《民法典》第509条第2款、第558条和第567条的规定可知，[1]合同的拘束力并非仅仅停留在合同的订立和履行阶段，其也映射在合同订立前及合同终止之后，当事人具有先合同义务、后合同义务等附随义务，故当本约合同缔结以后，预约合同并不必然失去效力，而依然有效，应支持原告的诉讼请求。另有观点认为，缔约当事人签订本约合同后，预约合同自动解除。虽然当事人并未作出任何解除预约合同的意思表示，但其签订本约合同的事实行为等同于作出了解除预约合同的意思表示，双方的权利及义务转为受本约合同约束，而不再受预约合同之束缚。也有观点认为，当事人在缔结本约合同时，预约合同即为终止。预约合同和本约合同属于两个彼此相互独立的合同，两者虽然具有特殊的关系，但预约合同在本约合同签订时即已完成使命，且已失去自身作用，应当驳回诉讼请求。[2]

以上三种解释，笔者认为最后一种最为合理。当事人缔结预约合同的最终目的在于确保本约合同的顺利成立。当本约合同缔结之时，预约合同的使命便已完成，其效力当即终止，由此产生了新的权利义务关系，当事人受本约合同约束。本案中，《商品房预定协议书》是双方当事人真实意思的体现，内容合法，当属有效的预约合同，之后据此订立的《商品房买卖合同》（本约合同）虽对房屋的平面布局、附属设施及配套设施等内容重新作出了约定，但原、被告双方业已签字，同样属合同双方当事人的真实意思体现。《商品房买卖合同》订立之时，《商品房预定协议书》中的

[1]《民法典》第509条第2款规定："当事人应当遵循诚信原则，根据合同的性质、目的和交易习惯履行通知、协助、保密等义务。"第558条规定："债权债务终止后，当事人应当遵循诚信等原则，根据交易习惯履行通知、协助、保密、旧物回收等义务。"第567条规定："合同的权利义务关系终止，不影响合同中结算和清理条款的效力。"

[2] 转引自徐蓬勇、陈海鸥、施国强：《签订商品房买卖合同后预定协议书即终止》，载《人民司法·案例》2017年第26期。

债务履行完毕，效力随即终止，双方当事人在《商品房买卖合同》中产生新的权利义务关系并受其调整，如果支持当事人嗣后对已终止的预约合同所作出的“效力复活”主张，势必导致合同权利义务的混乱，并且也不符合预约合同的诚实信用原则以及法经济效益的法理基础。至于第二种解释的立场，类似于前文提到的合同更新说。预约合同具有独立性，本约合同的签订虽然在当事人之间创立了新的权利义务关系，但其签订本约合同的目的并非对原预约合同当事人权利义务关系的更替，仅在于本约本身而无关预约合同的解除。虽然解除预约合同和预约合同之债务履行完毕具有相同的事实效力，但两者属于不同范畴。合同的解除有约定解除和法定解除之分，在我国法律中，并无签订本约合同即为解除预约合同的法定解除要件，该案中也无合同之约定及法定解除的一般条件发生。因此，尽管本约与预约的标的和所指向的终极目标统一，但二者的权利义务迥然不同，不应将当事人订立本约合同的行为看作解除预约的合意，自动解除的观点并不恰当。

综上，预约合同的效力并不因本约性条款在订立本约合同时作出变更而依然有效。当事人在订立本约合同时，对预约合同中的本约性条款作出变更，是其合意的体现，预约合同和本约合同属于相互独立的合同，并不能以先前一个独立的合同来否定后来的真实意思表示。预约合同中设置的债权债务关系，因本约合同订立的法律事实而不复存在。当本约合同成立，预约合同效力当即终止。另外，如果预约合同中已约定本约性条款，在签订本约合同时，一方当事人提出修改主张，必须经过对方当事人的同意，否则应属对预约合同的违约。但是，对于预约合同涉及的条款，本约合同并未涉及的，由于预约合同已终止，所约定的条款效力也随之终止，可以在本约合同中对其进行补充，当事人无法达成合意的，也完全可以根据相关的合同条款、法律的补充性规定抑或交易习惯进行确定，我国《民法典》第 510 条及第 511 条的规定都对此明确地作出了说明。

需要补充的是，预约合同的生效与一般合同相似，应同时满足以下几个要件：其一，签订预约合同的当事人应为适格当事人。订立预约合同时，缔约当事人应当具备相应的民事行为能力和民事权利能力。主体不适格，将造成其所订立的预约合同效力产生瑕疵。其二，预约合同当事人的意思表示真实，即当事人在缔约过程中所作的要约和承诺应为自己独立且真实意志之表现。其三，合同合法并不违背社会公共利益。预约的内容和目的不能损害社会和国家的利益，不得有悖于法律的强制性规定。其四，附生效条件或期限的预约合同，条件成就或期限到来。其五，法律、法规规定应办理批准、登记等手续的预约合同，手续已完成。而结合《民法典》第 557 条的规定和预约合同的特性，有以下情形之一的，预约合同终止：一是本约合同订立；二是预约合同被解除；三是债权人免除债务（实践中常见于单务预约，预约债权人免除了债务人全部或部分的债务，则预约全部或部分终止）；四是债务和债权归属于同一人（涉及第三人利益的除外）；五是其他当事人约定或法律规定终止合同的情况。当然，基于诚实信用原则，当事人于预约终止后应依据交易习惯履行通知、保密和协助等义务。

## 第三节 预约合同的边界

### 一、预约合同与本约合同

#### 1. 理论纷争与共识

单纯从概念出发，预约合同与本约合同有着明确的界限，如合同之目的与意图各异、约定违约责任不尽相同、当事人请求权的指向亦有分别等。[1] 然而在司法实务中，区分两者并非易事。大部分学者认为，在界分预约合同与本约合同时，不能仅从合同的形式或名称就简单地认定合同的

[1] 王利明：《预约合同若干问题研究——我国司法解释相关规定述评》，载《法商研究》2014 年第 1 期。

性质，应结合其内容以及当事人的意思等要素进行综合研判。[1]

上文提到，预约合同的内容具有确定性和一定的开放性。确定性在于其内容明确具体，开放性在于其内容可以具有多项本约合同条款。前者最主要的问题在于预约合同成立的必要条款为何，而后者的重点在于找到预约合同内容详细的临界点，即预约合同的内容完备到什么程度时，才不至于进入本约合同的范畴。对此，王利明教授认为，当事人缔结预约合同，目的仅在于缔结本约合同，因此，对于预约合同而言，不需要具备本约合同的全部条款，只要有在以后某一时间段内缔结合同之意愿和标的就已足够。并以买卖合同为例，若其名称为买卖预约合同，但当事人在合同内容中对价金等主要条款已明确约定，那么应依据该内容将其解释为本约合同。[2] 有学者对此补充解释到，倘若缔结的预约与目的合同的根本内容相同，就没有必要去认定一个独立于本约的预约了。[3] 事实上，该观点与疑约从本的处理规则具有相似性，参照王泽鉴先生的观点："认定一个原则，订立预约在交易上系属例外，有疑义，宜认为系属本约。"[4]

然而，上述观点却遭到不少学者的质疑，例如学者王瑞玲指出："一项合同明确命名为'预约'，最后却因内容完备而被推敲和解释为本约合同，实为不妥，此种做法有违背缔约人真实意志之嫌。相反，应当注重和倾向当事人的主观意思，按照'疑约从预'的标准予以认定。"[5] 学者陆青也认为，预约合同之成立要素在于缔约人是否明确将来订立本约之真意，界分其与预约合同的根本标准为缔约人是否有在将来某一时期缔结一项新合同

---

[1] 刘承韪：《预约合同层次论》，载《法学论坛》2013 年第 6 期；张艳玲、白帮武：《预约合同相关问题探讨》，载《山东社会科学》2005 年第 2 期；钱玉林：《预约合同初论》，载《甘肃政法学院学报》2003 年总第 69 期。

[2] 王利明：《预约合同若干问题研究——我国司法解释相关规定述评》，载《法商研究》2014 年第 1 期。

[3] 陆青：《〈买卖合同司法解释〉第 2 条评析》，载《法学家》2013 年第 3 期。

[4] 王泽鉴：《债法原理》，中国政法大学出版社 2001 年版，第 148 页。

[5] 王瑞玲：《预约、本约区分和衔接的主观解释论——兼对客观解释论商榷》，载《政治与法律》2016 年第 10 期。

的实意，倘若一项合同中具备或者从中可以推出有订立本约的意思，即使合同条款涵盖或者接近所有本约内容，也不能被解释为本约合同。[1] 学者刘承韪也持类似的观点，认为在司法实务中，有些预约合同的内容完备详细，而有些本约合同的内容却笼统简略，内容多少不是决定合同性质的根本，最核心在于考证立约之目的，即给交易提供履行保证或依据，还是单纯地固定交易机会，将来缔结一份新合同。并且将具备本约全部内容的预约合同称为完整预约，对其例证到，就像《招标投标法》第 46 条之规定，由于法律要求当事人订立某些合同必须采用特定的形式，那么实际上正式合同订立前所达成的合意即为预约合同。[2]

通过对上述观点的梳理可以发现，学界在对预约合同与本约合同的界分上主要存在着主观解释论与客观解释论的争论，主观解释论意在凸显约定将来一定期限内缔结本约合同条款的效力，而客观解释论则关注合同中存在的本约性条款对合同性质的影响。两种解释论的态度截然相反，但在本约合同与预约合同的区别上一致认为：其一，两种合同的意图和目的各异。本约合同的主要目的是直接实现当事人所期望的现实交易成果。而预约合同的目的主要是能够缔结本约，同时锁定交易机会、保留磋商成果。其二，两种合同当事人请求权内容各异。当事人在预约生效后具有请求对方诚信磋商以订立本约合同或直接订立本约合同之权利，而在本约合同生效后则有权请求对方直接履行具体义务。其三，两种合同有关违约责任的约定不尽相同。由于预约合同的主要目的和产生时间的特殊性，合同中一般不会出现违反本约责任性质的约定。相反，本约合同中也不会出现当事人约定未来未订立合同应怎样承担责任的条款。[3]

---

[1] 陆青：《〈买卖合同司法解释〉第 2 条评析》，载《法学家》2013 年第 3 期。

[2] 刘承韪：《预约合同层次论》，载《法学论坛》2013 年第 6 期。《招标投标法》第 46 条："招标人和中标人应当自中标通知书发出之日起三十日内，按照招标文件和中标人的投标文件订立书面合同。……"

[3] 王利明：《预约合同若干问题研究——我国司法解释相关规定述评》，载《法商研究》2014 年第 1 期。

2. 我国司法实务的实证考察

法学理论的研究离不开对司法实务的考察。近年来，我国司法实务中关于预约合同的纠纷案件频发，笔者通过中国裁判文书网进行检索，截至2020年5月20日，发现裁判文书中含有“本约合同”“预约合同”等关键词的案件数量高达6923件。为了更全面地了解司法实务部门对本约合同和预约合同界定的实然做法与态度，笔者将一些具有代表性的案例作为考察对象，研析其同一与分歧所在。

**表1　最高人民法院若干公报案例和典型案例审理情况列表**

| 裁判结果 | 案件名称 | 审理法院 | 裁判原由 |
| --- | --- | --- | --- |
| 认定属预约合同 | 成都X通讯连锁有限公司与四川S有限责任公司房屋买卖合同纠纷案 | 一审法院：成都市中级人民法院<br>二审法院：四川省高级人民法院<br>再审法院：最高人民法院 | 一审与二审法院认为，当事人支付定金且交付房屋，基于《合同法解释（二）》第1条第2款规定，应将《购房协议书》认定为本约合同。<br>再审法院认为，当事人在《购房协议书》中对付款方式等问题未协商一致，并明确要在将来订立一个新的合同以最终确立双方的房屋买卖法律关系。虽然房屋已经交付，但并不影响《购房协议书》为预约合同的性质。 |
| | 张某与徐州市T房地产有限公司商品房预售合同纠纷案 | 江苏省徐州市泉山区人民法院 | 尽管《预订单》含有当事人姓名、房屋等基本内容，但由于缺少房屋交付时间以及违约条款等事关双方重要权利义务的内容，应被认定为预约合同，这些条款需进一步磋商并在以后的本约合同中确立下来。 |
| | 李某某与Z房地产经济有限公司商品房纠纷上诉案 | 一审法院：云南省昆明市五华区人民法院<br>二审法院：云南省昆明市中级人民法院 | 一审法院认为，当事人签订的《确认书》已明确了房屋的楼层、号码、面积及价格，应将其看作预售合同（本约合同），而非预约合同。<br>二审法院认为，双方签订的《确认书》虽明确了房屋的相关情况，但并不完全符合《商品房销售管理办法》对商品房买卖合同的规定，只是双方对相关事宜的初步确认而已，应将其认定为预约合同。 |

**续表**

| 裁判结果 | 案件名称 | 审理法院 | 裁判原由 |
|---|---|---|---|
| 认定属本约合同 | 俞某某与福建H房地产有限公司、魏某某商品房买卖合同纠纷上诉案 | 一审法院：福建省高级人民法院<br>二审法院：最高人民法院 | 虽然《商铺认购书》明确了房屋的位置、面积和价款等重要条款，但当事人明确约定在开发商获得商品房预售许可证后，还需签订《商品房买卖合同》，并且该《商铺认购书》的内容并不完全符合《商品房销售管理办法》第16条的规定，故应以预约合同对其定性。 |
| | 刘某某诉天津技术开发区房地产开发公司商品房销售合同纠纷案 | 天津技术开发区人民法院 | 当事人尽管在《认购书》中明确在既定时间内签订正式合同，具有预约合同的外观，但鉴于《认购书》对当事人的基本情况、商品房买卖合同中的主要内容已进行约定，并且被告收受了原告部分购房款，应被认定为本约合同。 |
| | 王某某与邱某某等买卖合同纠纷上诉案 | 四川省成都市中级人民法院 | 双方当事人签订的《购销协议》虽然有意向性字眼，但并没有约定以后签订正式购销合同，应认定为本约合同。 |
| | 邢某与齐某某一般买卖合同纠纷上诉案 | 一审法院：北京市海淀区人民法院<br>二审法院：北京市第一中级人民法院 | 一审法院认定双方签订的《收据》属于预约合同。<br>二审法院认为，《收据》中明确了房屋所在的位置、面积、支付方式和期限，应为本约合同。 |
| | 徐州Y有限公司与秦某某房屋买卖合同纠纷上诉案 | 一审法院：江苏省徐州市泉山区人民法院<br>二审法院：江苏省徐州市中级人民法院 | 一审与二审法院都认为，双方签订的《认购协议》约定了房屋的位置、面积、价款等内容，具备商品房买卖合同的主要内容，且出卖人收受了对方部分购房款，应将该《认购协议书》认定为商品房买卖合同，而非预约合同。 |

综合上述列举的法院裁判可以发现，我国司法实务部门在界定本约合同和预约合同时，主要考虑三方面因素，一是在缔约人所达成的条款中，是否具有明确将来订立目的合同（本约合同）的合意；二是基于合意条款，对比目的合同（本约合同）应具备的主要内容；三是当事人是否事实上履行了本约合同之义务。因此，不同方面的侧重最终导致了裁判结果的截然不同。但是，即便基于相同事实和因素的考量，也出现了同案不同判的现象。例如，上述案例中不乏出现一审法院与二审法院甚至再审法院对合同性质认定不同的情况。[1] 归类对比，实务中的各种分歧理由可以与上文的理论争论相契合。另外，针对商品房领域预约合同的适用，《商品房买卖合同解释》（第5条）的出台使司法实务操作上趋于统一。但是，正如该司法解释起草成员所言，因缺乏理论准备，该解释仅是把预约尽量往本约的范畴靠拢而已，然而本体预约制度却仍付阙如。[2] 面对实务中形式复杂的各类契约，其预约合同的内容应达到何种程度才可认定为本约合同，目前司法实务中尚未形成统一的操作标准。

3. 我国台湾地区司法实务操作考察

不同于大陆司法实务的分歧，我国台湾地区司法实务界对本约合同和预约合同的界定已经形成了较为具体和稳定的操作标准。同理论界的普遍观点基本一致，都认为预约为契约的一种特殊类型，适用契约之一般原则，关于其与本约合同的区别不在于当事人主观上是否受拘束之意思，而在于客观上契约之标的或者契约规定之内容。[3] 因此，对契约中客观存在的条

---

[1] 如成都X通讯连锁有限公司与四川S有限责任公司房屋买卖合同纠纷再审案，最高人民法院（2013）民提字第90号；昆明Z房地产经济有限公司与李某某商品房纠纷上诉案，云南省昆明市中级人民法院（2015）昆明一终字第389号；邢某与齐某某一般买卖合同纠纷上诉案，北京市第一中级人民法院（2008）一中民终字第04217号；等等。

[2] 最高人民法院民事审判第一庭编著：《商品房买卖合同纠纷案件司法解释的理解与适用》，人民法院出版社2003年版，第71页。转引自汤文平：《德国预约制度研究》，载《北方法学》2012年第1期。

[3] 黄立：《民法债编总论》，元照出版有限公司2006年版，第25页、第27页；王泽鉴：《债法原理》，北京大学出版社2009年版，第113—116页；吴从周：《论预约：探寻德国法之发展并综合分析台湾“最高法院”相关判决》，载《台大法学论丛》（第42卷特刊）2013年第11期。

款之理解和解释就成了区别预约合同与本约合同的重点。台湾地区某司法判决书中写道："当事人订立之契约，为本约抑或预约，应就当事人意思决定之。当事人之意思不明或有争执时，则应通观契约全部内容定之，若契约要素业已明确合致，其他有关事项亦规定周详，已无另行订立契约之必要时，则应认为本约。"可得知，对于本约与预约的界定操作标准存在两个方面，即通过解释当事人的真实意思表示和对契约全面考察而判定契约性质，具言之：

第一，解释当事人的意思。台湾地区司法判决中写道："契约有预约与本约之分。其当事人由他方受有定金，依相关规定[1]，视为成立之契约。究竟为本约抑或预约，应依其情事解释当事人之意思定之，不得凡谓有定金之授受者，即概视为已成立本约。"

第二，对契约进行全面考察。根据台湾地区某司法判决："当事人订立的契约，究为本约抑或预约，应就当事人之意思定之，当事人之意思不明或者有争执时，应通观契约全体内容是否包含契约之要素，及得否依所订之契约即可履行而无须订立本约合同等情形决定之。"就买卖预约合同而言，所谓"通观契约之内容"指是否仅具备买卖契约的必要条款，抑或包括其他履约的重要事项而定。如果仅有标的物及其价金条款之约定，可认为是预约合同；如果预约约定中还包括付款方法、税负、点交、费用及违约条款等重要事项，可直接履行而无需另行订立本约合同的，则已为本约而非预约。例如台湾地区某司法判决中写道："买卖预约书内，既有买卖双方关于标的物及其价金之约定，其性质是买卖本约合同，不因其称为预约合同而受影响。"但同院判决随后补充道："不动产之买卖，除标的物及价金外，尚还涉及付款方法、税负、点交、费用及违约等重要事项，故此为买卖预约，虽非不得就标的物及价金等事项先为拟定，以作为订立本约之张本，究不能因此即认为买卖契约业已成立。"与之相似的是同院另一判决观点："买卖契约之成立故应以标的物及价金的意思表示一致为其必要之

[1] 订约当事人之一方，由他方受有定金时，推定其契约成立。高点法商研究中心：《新简明六法》，高点文化事业有限公司 2016 年版，第 3—39 页。

点，[1] 唯买卖预约，亦非不得就标的物及价金之范围先为拟定，作为将来订立本约之张本，但不能因此即认买卖本约业已成立。在当事人之间，除标的物及价金外，尚约定将买卖价金之清偿时、地或其他交易上之重要事项列为必要之点者，衡诸契约自由原则，应非法所不许。”关于预约合同与本约合同区分的案件，判决重申道：“按关于买卖不动产之债权契约，乃非要式行为，若双方就其移转之不动产及价金业已互相同意，则其买卖契约成立，买受人对于出卖人自有请求履行之权。又所谓预约系约定将来订立一定契约（本约），倘将来系依所订之契约履行而无预另订本约者，纵未以书面为之者，仍非预约。”

就预售房屋买卖的预约合同而言，台湾地区某司法判决指出：“预约系约定将来订立一定契约之契约。如若将来系依所定之契约履行而无需另订立本约合同的，纵名为预约，仍非预约。两造所订契约，虽名为《不动产预定买卖契约书》，但并无将来订立买卖本约之约定。其对买卖价金、土地面积均已有约定，双方将来可据此履行，上诉人并已给付定金及全部买卖价金完毕，自属本约而非预约。”同年度判决指出：“上开契约虽名为房屋（或土地）预定买卖契约书，但买卖之面积、价金、缴付价款、移转登记期限等，均经明确约定，并无将来订立本约之旨，且依该契约约定之内容即可履行而无需另订本约，故系争契约为本约而非预约。”就租赁的预约合同而言，台湾地区某司法判决书中写道：“当事人互相表示意思一致者，无论其为明示或默示，契约即为成立。又租赁契约为诺成契约，虽当事人之间非不得就租赁物及租金之范围先为拟定，成立预约以为将来订立本约之张本。唯当事人之间如已就租赁契约必要之点即租赁物与租金互相表示一致，其租赁契约即为成立，不能因尚未订立书面契约，认其仅属预约之性质。”

通过以上判决的脉络和观点可以发现，我国台湾地区司法实务中在本约合同与预约合同界定的操作标准下遵循了一定的规则，即如果一个预约

---

[1] 此处的“必要之点”应为我国民法理论所称的“成立必备要件”。

合同约定的内容已经具备了本约合同成立的条件，即便名称上被称为预约合同，但实质上已属本约合同。就实务中最常见的买卖预约契约而言，其如果具备本约成立的必备要素（标的物及价金条款），自然为本约合同。但如果买卖标的为房屋的，预约合同中只有标的物及价金条款，不应认定其为本约合同。如果被认定为本约合同，此时还需具备诸个约定明确的内容，如缴纳价款、买卖面积、价金以及转移登记期限等。应当指出的是，无论台湾地区实务界还是理论界，均强调预约合同为合同的一种特殊类型，具有例外之性格，由此，在实际认定上，一旦无法确定其究竟是本约合同还是预约合同时，应以订立本约为原则，预约为例外。这种“疑约从本”的倾向标准正像台湾地区学者吴从周教授所描述的，此时，法官当然不可拘泥于当事人之意思表示，而应该探求其背后之真意。但法官可以认定的是，当事人通常是要订立立刻有效的本约，预约则属例外，除非有特别之理由存在，可认定是一个预约合同，否则有疑义时应认为是一个附条件的本约（bedingter Hauptvertrag）。[1]

4. 本书之观点——兼评成都 X 有限公司与四川 S 有限责任公司房屋买卖合同纠纷再审案

无论是客观解释论与主观解释论的争论，抑或是我国大陆及台湾地区司法实务操作的不同，本约合同与预约合同的区分始终都围绕着一个核心问题，即预约合同内容达到何种详细程度时，才不至于僭越至本约合同的领地？主观解释论主张，不管预约的内容与本约是如何的相近甚至相同，只要合同中有将来订立本约的意思表示，都应被认定为预约合同。[2] 而客观解释论强调，预约以订立本约为目的，没有必要包括本约的主要条款，仅需要有将来订立本约的意愿和标的便可。如果内容上与本约合同并无二致，那么将预约合同独立出来还有什么必要和实益呢？[3]

---

[1] 吴从周：《论预约：探寻德国法之发展并综合分析台湾“最高法院”相关判决》，载《台大法学论丛》（第 42 卷特刊）2013 年第 11 期。

[2] 陆青：《〈买卖合同司法解释〉第 2 条评析》，载《法学家》2013 年第 3 期。

[3] 王利明：《预约合同若干问题研究——我国司法解释相关规定评述》，载《法商研究》2014 年第 1 期；陆青：《〈买卖合同司法解释〉第 2 条评析》，载《法学家》2013 年第 3 期。

事实上，主观解释论和客观解释论都存在一定的问题。就主观解释论来说，一份合同中双方当事人已经确立了正式合同中所具备的具体权利义务关系，那么当事人当然就被这种权利和义务所约束，而并非订立一个新的合同。如果因其名称或形式就认定其为预约合同，实为多此一举，不仅与法经济效益理论相背驰，而且违背预约合同市场应用的初衷。例如，张三与李四达成协议，10 日后就购买李四的某一名画签订合同，就为典型的预约合同。但是，倘若双方约定，李四将自己的某一名画以 20 万元的价格卖给张三，双方于 10 日后完成合同的签订，即便名为预约，实亦为本约。因为此时当事人约定要签订的合同，事实上不过是对已达成合意的确认，抑或是双方要求一项具有更强证明力和相对规范的合同罢了，其并不影响买卖合同已经成立的事实。而对于未完成的条款，如付款方式和地点等，仅是空缺条款（missing terms）或待商条款（open terms）而已，并不影响合同的成立。[1]

就客观解释论而言，在司法实务中，不乏当事人基于某种利益的考量，将预约合同作为延缓正式合同成立时间的工具，倘若一项预约合同因内容充实完备就直接被推定为本约合同，无疑违背了双方当事人的真实意思。并且，即便预约合同具备目的合同（本约合同）的主要条款，也不能完全将两者画等号。以买卖合同为例，若当事人在预约合同中就买卖合同的主要条款（包括价金条款等）达成合意，但是合同中具有导致买卖合同未成立的未决条款或特定形式要求，在这种情况下直接认定其为本约并不合理，因为此时买卖合同并未成立。必要条款虽然为本约成立的必备要件，但它的存在并不导致本约合同具体权利义务关系的形成，也不等于对本约合同的形式要求的消除。关键在于当预约合同具备本约合同全部的成立要件时，合同中是否还具有导致本约合同未成立的未决条款或形式要求。例如，甲乙双方约定，甲将 1000 件产品以每件 50 元的价格卖给乙，并在 15 天后签

---

[1] 张玉卿：《国际统一私法协会国际商事合同通则 2010》，中国商务出版社 2012 年版，第 160—163 页。

订买卖合同。但提供的产品必须采用某一特定的包装模式，双方将在这 15 天内对此进行磋商并达成合意。诚然，该种包装方式便成了本约合同成立的必要条款（未决条款），若针对该项事宜当事人不能协商一致，则本约合同就无法成立，此约定性质为预约。当事人一方要求必须具备的其他条款是合同必要条款之一，[1] 一个合同中，普通条款与必要条款并没有不可逾越的鸿沟，两者具有互通性，由于预约合同的合意性及产生时间的特殊性，对于本约合同而言，双方当事人当然可以将本约之普通条款上升至必要条款并进行磋商。

客观解释论和主观解释论都有详细充分的论据，但两者都试图以点概面，在强调和注重预约合同特殊性的同时，却忽略了预约合同在现实司法实践中复杂的表现形式。解决预约合同与本约合同的区分问题，应从预约合同到本约合同的形成进路以及两者的关系入手，预约合同独立于本约合同，产生于本约合同的磋商阶段，终结于本约合同的成功订立，两者互不相容但紧紧衔接，可以说预约合同内容详细程度的临界点位于本约合同成立时。抛开当事人合意合同性质仍为预约合同、本约合同需要特定物的交付或特定形式的满足才能成立的三个因素，预约合同不能完全具备本约合同的成立要件，否则，将僭越至本约合同的领地。（本约）合同成立的必要条款除标的和数量条款之外，还应有法律特别规定必须具备的条款、合同性质要求必须具备的条款和当事人一方要求必须具备的条款。[2] 而在当事人无特殊要求的情形下，预约合同的成立条款为将来订立本约合同的行为（标的条款）、期限性条款、本约合同的标的三个条款。因此，两者的关系可如图 1 所示。

---

[1] 马俊驹、余延满：《民法原论》（第四版），法律出版社 2010 年版，第 529 页。

[2] 马俊驹、余延满：《民法原论》（第四版），法律出版社 2010 年版，第 529 页。需要说明的是，由于预约合同的合意性及产生时间的特殊性，这里的“当事人一方要求必须具备的条款”应当为当事人双方要求必须具备的条款（待磋商），否则无法形成预约合同。诚然，本约合同成立的必要条款除标的条款和数量条款之外，还应有法律特别规定必须具备的条款、合同性质要求必须具备的条款和当事人双方要求必须具备的条款。

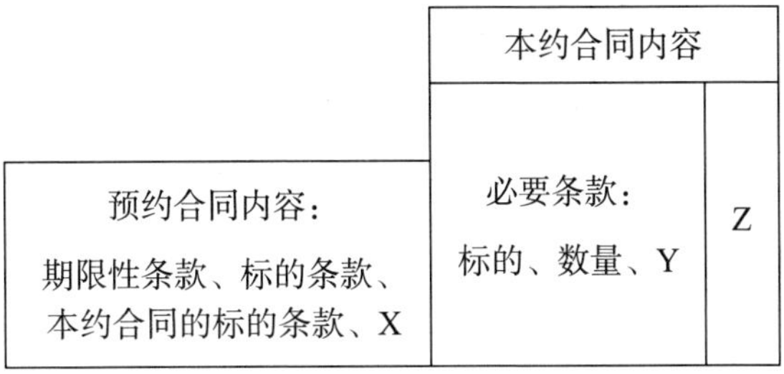


**图 1　预约合同与本约合同关系递进图**[1]

事实上，预约合同与本约合同是位阶递进关系。一个合同从预约合同阶段经历到本约合同阶段，等于递进一个阶层。预约合同的目的与地位较于本约合同要简要得多，但也不排除实务中有预约合同比本约合同更为详细的情况发生，但底线是其内容不能具备本约合同成立的所有必要条款，除非当事人明确约定合同性质仍为预约合同，抑或本约合同的成立取决于特定形式的满足或特定物的交付。在该递进图中，Y 表示本约合同成立的其他必要条款，它因法律的特别规定或合同性质的要求而不同。例如本约合同为买卖合同的，Y 为价金条款。Z 表示本约合同的其他条款（非必要条款），其可有可无。X 为预先约定的本约合同条款，其可有可无，但可以包含不限于一个的 Y 和 Z 条款，但不能包含或者为本约合同的数量条款。

综上，基于以上论证与司法实务分析的考量，关于本约合同与预约合同的界定，本书认为，应以“一核心两辅助点”进行综合分析：（1）核心要素：内容。界定预约合同和本约合同应首先立足于合同内容，客观是主观的反映，也是最直观的标准，无论合同内容详细与否，如果不具备本约合同成立的所有必要条款，则本约合同并未成立，合同属性为预约；反之，则属本约合同，除非当事人明确约定合同性质仍为预约合同，抑或本约合同的成立取决于特定形式的满足或特定物的交付。（2）辅助点 A：关系。预约合同的债权债务关系应指向本约合同的订立，而不能具有具体的

[1] 需要补充的是，这里并未加入当事人双方要求本约合同必须具备的条款的情形。

权利义务关系，否则，合同性质就可能发生变化，成为本约合同。（3）辅助点B：违约责任。倘若合同中约定了违约责任条款，其将反映合同的属性，预约合同中不会出现不履行本约合同的约定责任，本约合同中也不会出现未订立合同而应需承担的责任。为了更好地研究本约合同与预约合同在实务中的界定，笔者将最高人民法院关于预约合同的一则经典再审案例进行引述，以此展开讨论。[1]

2006年9月20日，A单位与B单位签订《购房协议书》，就A单位购买B单位的不动产事宜达成如下合意：（1）合同标的物为B单位所有的蜀都大厦北一楼及中庭；（2）价格为6750万元，面积为2100平方米；（3）A单位向B单位支付购房定金1000万元，在《房屋买卖合同》签订之时，该定金即刻转为购房资金；（4）就《房屋买卖合同》及付款方式等问题双方还需进行具体磋商；（5）双方应需谨遵协议内容，如若违约须向对方支付违约金1000万元；（6）自《房屋买卖合同》签订时，本协议自动失效。

在协议书签订之前，A单位向C单位转账1000万元定金（C单位为B单位的股东），C单位收款后向A单位开具了定金收据。B单位第二年（2007年）1月将不动产交付于A单位使用至今。

双方签订《购房协议书》三年后，A单位向B单位发函，请求其能在原来的价款上作出让步，期望以6000万元左右的价格成交，随后双方就此也展开了磋商，但经过多次磋商后，B单位就A单位是否支付三年的场地使用费、过户税费、办理产权证、购房尾款的支付时间等问题未协商一致。

2009年11月，B单位向A单位发函，表示由于与A单位经过多次磋商都未能订立《房屋买卖合同》，双方的房屋买卖关系并未成立。并且，由

[1] 本案为成都X通讯连锁有限公司与四川S有限责任公司房屋的买卖合同纠纷再审案［最高人民法院（2013）民提字第90号］。转引自沈德咏主编：《成都X通讯连锁有限公司与四川S有限责任公司、四川Y投资控股股份有限公司房屋买卖合同纠纷案》，载《中华人民共和国最高人民法院公报》2015年第1期。为便于论述，笔者将成都X通讯连锁有限公司在文中简称为A单位，将四川S有限责任公司简称为B单位，将四川K股份有限公司简称为C单位。

于A单位无偿占用了B单位的不动产三年，应向其支付占有场地的使用费。A单位随后回函认为房屋买卖的关系成立，且不应支付场地使用费。

2010年3月，B单位向A单位再次发函，通知解除双方签订的《购房协议书》，并要求A单位在30日内搬离所占房屋并支付场地使用费。随后，A单位向不动产所在地成都市中级人民法院起诉，以《购房协议书》已成立并生效为由，请求确认B单位关于解除《购房协议书》的函无效，并提出要求B单位协助办理不动产产权过户登记等诉求。B单位被起诉后作出了答辩，并向法院提起反诉，要求A单位支付场地使用费。

法院在查明事实后认为：（1）《购房协议书》具备合同的必要条款，根据《合同法解释（二）》第1条之规定，[1]应认定为房屋买卖合同成立。（2）A单位已在《购房协议书》签订之前向B单位的股东C单位支付了定金，B单位在协议书中予以确认，故A单位已履行了支付购房定金的合同义务。（3）《购房协议书》约定在合同具备必要条款的情形下，双方明确约定对合同欠缺的其他条款进行进一步协商后签订《房屋买卖合同》，根据《合同法解释（二）》第1条之规定，协议书中未涉及的付款方式等其他条款，人民法院应当按照相关规定予以确定，而不能据此认定合同不成立或者为预约合同或定金合同。（4）在签订《购房协议书》后，B单位将讼争房产交付于A单位占有使用，对此B单位辩称是与A单位既谈买卖又谈租赁，双方不是基于买卖关系而向A单位交付房屋。但是，B单位的辩称意见因无事实根据，依法不能成立。A单位主张B单位因买卖关系而向其交付房屋的理由成立。（5）《购房协议书》系当事人真实的意思表示，内容不违反相关法律规定，合法有效。

关于B单位解除《购房协议书》的函是否有效的问题，该法院认为合同可因法定或约定进行解除。根据《合同法》第93条和第94条的规定，B

---

[1]《合同法解释（二）》第1条规定："当事人对合同是否成立存在争议，人民法院能够确定当事人名称或者姓名、标的和数量的，一般应当认定合同成立。但法律另有规定或者当事人另有约定的除外。对合同欠缺的前款规定以外的其他内容，当事人达不成协议的，人民法院依照合同法第六十一条、第六十二条、第一百二十五条等有关规定予以确定。"

单位要求解除合同的事由既没有约定，也不符合法定解除条件，因此，B单位发出的合同解除函无效，对A单位不产生法律效力。

最终，成都市中级人民法院作出以下判决（部分）[1]："一、A单位与B单位签订的《购房协议书》成立且有效；二、B单位关于解除《购房协议书》的函无效；三、在A单位向B单位履行完毕支付购房款义务后90日内，B单位应协助将本案所涉房屋过户给A单位，所产生的税费按相关规定由A单位和B单位各自承担。"成都市中级人民法院在判决书中认定B单位与A单位签订的《购房协议书》为购房合同（本约合同）而非预约合同或定金合同，因此，不存在场地使用费的问题。判决结果支持了A单位的诉求，但B单位不服，向四川省高级人民法院提起上诉。

二审法院经审判委员会讨论，作出如下判决（部分）："一、维持一审判决第一项，即'A单位与B单位所签订的《购房协议书》成立且有效'；二、撤销一审判决中'B单位于2010年3月3日向A单位发出的关于解除《购房协议书》的解除函无效'、'在A单位向B单位履行完毕支付购房款义务后90日内，B单位应协助将本案所涉房屋过户给A单位，所产生的税费按相关规定由A单位和B单位各自承担'；三、A单位需在本判决生效之日起30日内，将所涉房屋腾退于B单位。"

对于《购房协议书》的性质和效力，二审法院认可了一审法院的判定及理由，依然认为A单位与B单位的房屋买卖合同关系成立。但又补充到，由于双方在这期间内既未达成房屋买卖合同，又未达成租赁协议；B单位既未收取房屋转让价款，又未收到房屋租金，作为争讼房产所有权人，有权依据《物权法》第39条的规定[2]解除与A单位签订的《购房协议书》。后A单位不服二审判决，遂向最高人民法院申请再审。

最高人民法院认为，本案争议的焦点主要集中在B单位与A单位之间就案涉房屋所形成的法律关系性质及效力上。基于当事人在再审庭审中的

[1] 由于此案中的一些事实、证据和裁判结果与本书研究无关，对此不再赘叙。

[2]《物权法》第39条规定，所有权人对自己的不动产或者动产，依法享有占有、使用、收益和处分的权利。

相关主张与理由，对与本争议焦点密切相关的两个问题首先加以明确：第一，B 单位已收到 A 单位支付的 1000 万元定金。第二，由于 B 单位没有充分证据证明其向 A 单位交付案涉房屋的行为并非基于房屋买卖关系，而是基于租赁等有偿使用关系，故将 B 单位向 A 单位交付案涉房屋的行为认定为基于当事人之间的房屋买卖法律关系而实施的交付。

在对上述两个问题加以明确的基础上，最高人民法院认为，A 单位与 B 单位签订的《购房协议书》的性质属于预约合同，但事实上双方已成立房屋买卖法律关系。理由如下（部分）：首先，双方签订的《购房协议书》对买卖的房屋的位置、面积和价款进行了明确约定，且内容翔实，已经具备房屋买卖合同的主要内容，可直接据此履行而无需再订立合同。但是，从《购房协议书》的第 3 条和第 5 条可知，双方在房屋的付款方式等问题上一致表示仍需进一步磋商，并且表明要在将来订立一个新的合同，以最终明确双方之间的房屋买卖法律关系的具体内容。因此，本案《购房协议书》的性质为预约合同而非本约合同。一审和二审法院在认定《购房协议书》的性质上存在偏差，应予纠正。其次，结合双方当事人在订立《购房协议书》之后的履行事实，B 单位与 A 单位之间已形成了房屋买卖法律关系。依据《合同法》第 36 条、第 37 条的规定，[1] 可以认定当事人之间达成了买卖房屋的合意。因此，A 单位与 B 单位之间的房屋买卖法律关系成立，且系当事人真实的意思表示，内容不违反法律、行政法规的强制性规定，合法有效。另外，虽然一审和二审判决在认定《购房协议书》的属性上存在偏差，但其关于双方当事人之间成立房屋买卖法律关系的结论并无不当。诚然，B 单位发出的解除函并不产生解除双方合同关系的效力。

最终，最高人民法院根据《民事诉讼法》第 207 条、第 170 条第 1 款第 2 项之规定，判决如下（部分）：“一、撤销四川省高级人民法院（2012）

---

[1]《合同法》第 36 条规定：“法律、行政法规规定或者当事人约定采用书面形式订立合同，当事人未采用书面形式但一方已经履行主要义务，对方接受的，该合同成立。”第 37 条规定：“采用合同书形式订立合同，在签字或者盖章之前，当事人一方已经履行主要义务，对方接受的，该合同成立。”

川民终字第 331 号民事判决；二、维持成都市人民法院（2011）成民初字第 936 号民事判决；三、一审案件受理费和财产保全费的负担按照一审判决执行，二审案件受理费由 B 单位负担。"

综上所述，此案的裁判结果可谓一波三折。就该案的《购房协议书》而言，一审和二审法院认为其为本约合同，再审法院即最高人民法院却认定其为预约合同。可见虽然在逻辑上清晰地界定预约合同和本约合同比较容易，但两者在实务中特别是在个案上往往难以甄别。在该案中，《购房协议书》为 A 单位与 B 单位通过平等协商，意思表示真实而订立的合同，其已成立并且有效。从《购房协议书》的第 3 条和第 5 条中可以看出，该协议的标的为将来订立房屋买卖合同的行为，是为了将来订立《房屋买卖合同》而签订的合同，与希望订立的《房屋买卖合同》是两个独立的合同，符合预约合同的基本特征。但一审法院和二审法院根据《合同法解释（二）》第 1 条第 1 款认为《购房协议书》具有合同的必要条款而成立。根据《合同法解释（二）》第 1 条第 2 款之规定，以及 A 单位向 B 单位支付定金的行为和 B 单位向 A 单位交付房屋使用的行为为对该合同的履行行为，故此，认为《购房协议书》是属于付款方式等其他条款欠缺且有待补正的本约合同，而非预约合同或者定金合同。本书认为，一审法院和二审法院实际上在对《购房协议书》的定性上存在法律适用问题。首先，《合同法解释（二）》第 1 条第 1 款意在强调当具备合同成立所有必要条款的情形下，合同成立发生争议时的解决途径，若合同缺乏必要条款则当然无法适用，结合该条但书，本案当事人将付款方式约定为必要条款且无法达成合意，自然没有适用的依据。另外，《合同法解释（二）》第 1 条第 2 款的规定，是基于《合同法解释（二）》第 1 条第 1 款合同已成立的情形下，在当事人无法对其他条款（非必要条款）达成协议时的适用规则，不能将其看作改变一个已成立合同性质的缘由。如果一项预约合同由于欠缺本约性条款而适用《合同法解释（二）》第 1 条第 2 款的规定，那么人们选择订立预约合同的功能和价值又何在呢？其显然本末倒置，违背双方当事人的意思自治。其次，定金合同与预约合同相互兼容，预约合同具备本约合同的必要条款并不等于就是本约合同。一个合同的必要条款不仅根据法律规定和合同性质来决定，还要看当事人的要求。[1] 如果当事人要求将本约合同的非必要条款上升到本约合同的必要条款，当此条款未能达成合意时，本约合同不会成立。在本案中，《购房协议书》中虽然约定了房屋的位置、面积及总价款，但就第 3 条和第 5 条的约定可见，关于付款方式等问题已上升为本约合同的必要条款，还需当事人日后进一步磋商达成合意。并且，当事人在其中明确将来订立一个新的合同，以最终建立具体的房屋买卖法律关系。因此，本案的《购房协议书》当然不能与本约合同画等号，对其认定上，本书支持再审法院的观点，即应为预约合同而非本约合同。

但是，本案中一审法院和再审法院都认为，B 单位已向 A 单位交付房屋，虽然双方当事人并未采用任何书面形式及签字盖章，但 B 单位事实上履行了合同的主要义务，且 A 单位业已接受。根据《合同法》第 36 条、第 37 条的规定，可以认定当事人之间达成了买卖房屋的合意，成立了房屋买卖法律关系。因此，B 单位与 A 单位之间的房屋买卖法律关系成立，且系当事人真实的意思表示，内容不违反法律、行政法规的强制性规定，合法有效。但本书认为对此的认定值得商榷。本案中虽然 B 单位将标的物交付 A 单位占有使用，但一直未办理房产变更手续。根据《物权法》第 9 条的规定，[2] 我国不动产权利的变更采取登记生效主义，因此，不应认定 B 单位已向 A 单位交付房屋，自然不能适用《合同法》第 36 条和第 37 条的规定要求 B 单位将标的物过户给 A 单位。

在此需要补充的是，为了解决实践中诸多商品房买卖合同纠纷案件，最高人民法院出台了《商品房买卖合同解释》，其第 5 条的规定 [3] 被学界广

[1] 马俊驹、余延满：《民法原论》（第四版），法律出版社 2010 年版，第 529 页。

[2]《物权法》第 9 条第 1 款规定："不动产物权的设立、变更、转让和消灭，经依法登记，发生效力；未经登记，不发生效力。但法律另有规定的除外。"

[3]《商品房买卖合同解释》第 5 条规定："商品房的认购、订购、预订等协议具备《商品房销售管理办法》第十六条规定的商品房买卖合同的主要内容，并且出卖人已经按照约定收受购房款的，该协议应当认定为商品房买卖合同。"

泛认为系首次涉及预约合同的规定，但关于其中隐含的本约合同认定规则却引起了较大争议。有观点认为该条规定认可了“视为本约说”，即如果一项预约合同已具备本约合同之要点，而无需订立本约合同的，应视为本约合同。但《买卖合同解释》编写小组认为，该规定并非“视为本约说”之写照，而是承认预约合同与本约合同之间的可转化性。质言之，当一项预约合同已具备本约的主要内容，当事人实际履行了义务，订立合同时的限制条件已不复存在，尽管当事人未签订本约合同，预约合同已转为本约合同性质。[1] 也有学者认为该条司法解释可以说是本约合同吸收了预约合同的内容，抑或是规定了实际履行导致的预约合同转化为本约合同。[2] 也有观点质疑该条司法解释的合理性，认为其太过绝对，在某种程度上限制了契约的自由，应当准予缔约人通过意思表示，排除预约合同转化为本约合同。[3]

本书认为，《商品房买卖合同解释》第5条的规定，事实上为一项注意规定，而并非法律拟制或所谓的“视为本约说”或“转成本约说”。司法解释不仅具有法律拟制的作用，也有提示注意的功能。具备提示注意功能的司法解释通常被称为注意规定，它的设置不同于法律拟制，其并不改变既有的基本适用法则，只是对相关规定加以重申，仅具有提示性，因此，即便没有它的存在，也有相应的法律适用依据。倘若一份协议书具备《商品房销售管理办法》第16条规定的主要内容，房地产商已按约定将商品房交付买受人或者收受购房款的，商品房买卖合同就已成立。例如，张三从某房产公司购买商品房并签订了《购房协议书》，在协议书中双方约定了商品房面积、位置、价金等条款（已具备商品房买卖合同的主要内容），但张三提出付款方式为按揭，房产公司则希望全款一次付清，两者都担心会失

[1] 最高人民法院民事审判第二庭编著：《最高人民法院关于买卖合同司法解释理解与适用》，人民法院出版社2016年版，第55页。

[2] 陆青：《〈买卖合同司法解释〉第2条评析》，载《法学家》2013年第3期。

[3] 王建东、杨国锋：《预约合同的效力及判定——以商品房买卖预约合同为例》，载《浙江学刊》2011年第1期。

去买卖机会，便约定对付款方式进行磋商并在一个月后签订《房屋买卖合同》，但两周后张三中大奖并全款支付该房屋价款。在此例中，由于双方当事人将普通条款（付款方式）上升为必要条款，房屋买卖合同并未成立，《购房协议书》应为预约合同，但是，当事人两周后的付款行为事实上已经宣布了此项必要条款的达成及具体权利义务的履行，房屋买卖合同事实上业已成立并生效。总之，出卖人按照约定收取购房款或者将商品房交付买受人的行为，事实上已履行了商品房买卖合同的具体权利义务。即使没有该条司法解释的规定，《民法典》第 490 条关于形式不完备的合同效力的规定就是相应法律问题适用的根据。

## 二、预约合同的属性辨析

诚如台湾地区学者吴从周教授所言："预约理论的发展，即以预约的容许性一开始的讨论为核心。"[1] 预约合同之属性问题，一直是国内外学界争论的核心问题，其不仅对预约合同的界定至关重要，而且对司法认定和裁判有直接的影响。目前有以下几种争议观点。

1. 意向说

起初预约合同被应用在市场交易中，并不被理论界完全认可，该说主张由于预约合同存在于正式（本约）合同成立之前，其仅仅是合同成立阶段的过程，并无任何拘束力可言，不能称之为合同。[2]

在司法实务中，意向说的表现形式多名为意向书（letters of intent，狭义）或谅解备忘录（memorandum of understanding），即当事人之间表达合作意愿的文件。它们的内容通常包括对一些合同要点的确认，但并无约束

[1] 吴从周：《论预约：探寻德国法之发展并综合分析台湾"最高法院"相关判决》，载《台大法学论丛》（第 42 卷特刊）2013 年第 11 期。

[2] 转引自最高人民法院民事审判第二庭编著：《最高人民法院关于买卖合同司法解释理解与适用》，人民法院出版社 2016 年版，第 53 页。

条款（no binding clause）。[1] 典型的意向书中通常会明确其本身无任何法律约束力，仅宣称参与主体有缔结合同的意愿，并期待在一定的条件下进行友好磋商，努力实现合作（合同缔结）。倘若意向书的订立者未能诚恳追求合同订立，对方最多只能基于信赖利益，将意向书作为缔约过失的损害赔偿请求权的基础。然而，由于意向书与预约合同都产生于本约合同的缔结过程中，现实中诸多市场主体对意向书的法律概念及效力并不明晰，加之《买卖合同解释》第 2 条将意向书明确列举为预约合同的一种形式，实务中不乏出现意向书具有约束力的情形，这种约束力带来的结果是，意向书实际上成了预约合同甚至本约合同，长久以来也就造成了预约合同被误认为是一种特殊的有约束力的意向书。[2]

严格意义上的意向书，并无约束力。它同预约合同相比，两者虽在时间上（都发生在本约合同订立之前）和主观上（都对未来订立合同有意愿）类同，但存在实质区别：其一，预约合同的本质为合同，而意向书不同，其不存在对当事人具有约束力的合意；其二，任何预约合同中，都有明确的订立本约之目的和期限，意向书则对此缺失抑或模糊不定；其三，预约合同产生最终缔约的义务，而意向书最多产生缔约的意向，当事人违反预约合同需承担违约责任，而违背意向书只可能产生缔约过失责任。

从立法沿革的角度上讲,《买卖合同解释》和《民法典合同编（草案）》都将意向书列为预约合同的一种形式，有学者基于该种现实，只将意向书进行广义和狭义区分再加以论述，[3] 目前《民法典》第 495 条把意向书从预约合同的形式中删除，可以解释为将预约合同与意向书混同并不规范。但面对当前司法实务中“名为预约，实则意向”或相反的情形，还

[1] E. Allan Farnsworth, Precontractual Liability and Preliminary Agreement: Fair Dealing and Failed Negotiations, Columbia Law Review, volume 87, March 1987.

[2] 许德风:《意向书的法律效力问题》，载《法学》2007 年第 10 期。

[3] 王利明:《预约合同若干问题研究——我国司法解释相关规定评述》，载《法商研究》2014 年第 1 期。

需“循名责实”，[1] 换言之，文本的名称虽有一定的参考价值，但对其属性的认定只有在完全具备预约合同的必要要件时，才能考虑其是否为预约合同。同样，实务中以谅解备忘录（memorandum of understanding）、允诺书（commitment letters）、初步协议、认购书、订购书、预定书等命名的文本是否为预约合同，亦当遵循该原则。

事实上，意向书与预约合同的关系同预约合同与本约合同的关系类似，意向书独立于预约合同，并且与预约合同构成位阶递进关系。当事人从最初具有合作意向到最终订立目的（本约）合同的进路中，虽并不一定订立预约合同，但若订立必然要达成合意，其内容上要满足一定的条件，双方当事人才会产生实质意义上的权利和义务关系。当预约合同成立时，意向书便失去了意义，磋商和定约意愿也就成了磋商和定约义务，从一个台阶上升到更高的台阶。预约合同成立的必要条款为标的条款（将来订立本约合同的合意）、期限性条款和本约的标的条款。如果当事人无特殊要求，抑或说没有造成预约合同未成立的未决条件，意向书不能同时具备一般预约合同成立的三个必要条款，否则将会有名为意向，实为预约的情形发生。[2] 意向书与预约合同的关系如图 2 所示。

**图 2　意向书与预约合同的关系** [3]

[1] 汤文平：《德国预约制度研究》，载《北方法学》2012 年第 1 期。

[2] 意向书虽没有法律效力，但并非没有任何意义，在能够构成缔约过失责任的前提下，它可以证明信赖利益的存在，当事人可将其作为主张对方承担缔约过失责任的证据。

[3] 需要说明的是，这里的 X 表示的是预约合同的其他条款（非必要条款）。

2. 本约担保说、本约补充预约说、更新预约说、待完善的本约合同说和独立契约说

该五种学说是通过预约合同与本约合同关系的分歧而划分出来的。在对预约合同进行论述的时候，很多学者认为预约合同具有特殊的担保功能（función de garantia）。如西班牙学者 Roca Sastre 提出，预约合同缔结的原因在于当事人不愿即刻缔结本约，因此，便先以预约合同确保将来本约合同以预约合同约定的框架来订立。[1] 德国学者 Gred Metzdorf 就此提出，预约合同不仅具有担保功能，而且与作为典型担保的保证合同相类似。[2] 由此，便形成了本约担保说，即预约合同作为本约合同的铺垫，具有担保本约合同缔结的功能和性质，它与典型的保证合同类似，是本约合同具体的从合同。[3]

在本约补充预约说中，西班牙学者 Roca Sastre 认为，不能将预约合同定义为将来订立合同的合同，其本质属于框架性合同（contrato base），[4] 在这份合同中，当事人确立合同未来的基本走向，并有义务对该框架进行补充，达成详细的合同内容。预约合同的性质就像基础法律一样，指明了将来缔结的合同目的，事后当事人还需以本约合同来展开及补充预约合同的框架性规定。情况就像民法及其他法规展开宪法所建立的框架一样。[5]

至于更新预约说，其与上文提到的合同更新说类似，认为本约合同的

[1] See Maria Luisa Murillo, Forma y Nulidad del Precontracto, Eunsa Ediciones Universidad de Navarra, S.A., Pamplona, 1993, p. 103. 转引自唐晓晴：《预约合同法律制度研究》，澳门大学法学院 2004 年版，第 77 页。

[2] Ana parata, O Contracto-Promessa e o seu Regime Civil, Almedina Press, 1999, p. 88. 转引自唐晓晴：《预约合同法律制度研究》，澳门大学法学院 2004 年版，第 77 页。

[3] 该观点由德国学者 Gerd Metzdorf 提出。Ana Prata, O Contrato-Promrssa e o sei Regime Civil, Almedina, 1999, p. 88. 转引自唐晓晴：《预约合同法律制度研究》，澳门大学法学院 2004 年版，第 77 页。

[4] 需要指出的是，这里的框架性合同并非实质意义上的框架合同，关于框架合同笔者将在下文展开叙述。

[5] Roca-Sastre, R.M., Contrato de promesa, en Estudios de Derecho Privedo, Madrid, 1984, p. 324. 转引自唐晓晴：《预约合同法律制度研究》，澳门大学法学院 2004 年版，第 74 页。

成立实为债的更新，即在当事人不变的前提下成立一个新的合同取代原来的合同，在预约的情况下，一般认为预约合同的内容自然被吸收为本约合同的内容。该观点由意大利学者 Raffele Rascio 提出，并加以意大利上诉法庭的判决示例，当立约人缔结预约合同之后又缔结本约合同时，本约合同是该交易权利义务的唯一来源，当事人所负的这种订立合同的义务，自然被成立的本约合同所吸收，但本约合同的内容甚至无需与预约合同内容相同。[1]

而待完善的本约合同说，则是对预约合同容许性（Zulässigkeit）的直接否定。学者施洛斯曼（Schloβmann）认为，如果一项合意所追求的合同已相当确定，那么该合意就没有独立出来成为合同的意义，应直接适用正式合同的规则，便没什么预约出现。[2] 于是，预约合同事实上属于初步达成的本约合同，只不过对于合同中的相关条款，还需要进行完善。

独立契约说认为，预约合同虽产生于本约合同成立之前，具有一定的铺垫性，但两者均为独立的合同。任何预约合同中，不仅会预设目的合同的民事权利义务关系，而且有缔结本约合同权利义务的内容。[3]

综合以上五种学说，本书赞同独立契约说的观点。的确，预约合同对于本约合同的顺利成立而言具有一定的担保功能。但是，这并不意味着具有了担保功能的预约合同就应当被看作典型的保证合同。保证合同属于附属合同，其因其他合同的存在而存在。[4] 倘若预约合同为本约合同的保证合同，那么在时间逻辑上，预约合同应产生于本约合同成立之后或者与本约合同同时缔结，这与事实不符。因此，本约担保说的观点毫无自洽性可言。

---

[1] Renato Speciale，Contratti Preliminari e Intense Precontractual，Milano press，1990，p. 83. 转引自唐晓晴：《预约合同法律制度研究》，澳门大学法学院 2004 年版，第 75 页。

[2] Henrich，Vorvertrag，Optionsvertrag，Vorrechtsvertrag，1965，S. 59. 转引自汤文平：《论预约在法教义学体系中的地位——以类型序列之构建为基础》，载《中外法学》2014 年第 4 期。

[3] 最高人民法院民事审判第二庭编著：《最高人民法院关于买卖合同司法解释理解与适用》，人民法院出版社 2016 年版，第 53 页。

[4] 崔建远：《合同法总论》（上卷）（第二版），中国人民大学出版社 2011 年版，第 72 页。

本约补充预约说面临最大的问题是，司法实践中预约合同的内容比本约合同内容更详细的情况多有出现，其中不乏本约合同成立之时无需增补任何条款的情况发生。而且在本约合同的形成过程中，只要当事人达成合意，对预约合同业已确立的条款进行变更并无不可。如此，倘若依照本约补充预约说的观点将本约合同与预约合同的关系比喻成部门法与基本法的关系，便违背了基本法。前文已有论述，本约合同成立后，预约合同并不因为其具备本约性条款而依然有效，当本约合同订立时，预约合同即已实现了自身的价值和功能，当即终结。认为预约合同必须通过本约合同进行补充，意在凸显预约合同的不完整特征，可以说是从根本上否认预约合同的合同属性。

在本约更新预约说中，倘若本约合同是对预约合同的更新，那么当事人仅具有未来订立合同的义务，未来合同是怎样的合同、具有怎样的效力，只能够在订立本约合同之时确立，此时与预约合同已毫无关系，此时预约合同产生的效力仅仅为一种抽象的缔约义务罢了。[1] 另外，订立预约合同并不能够完全确保每个本约合同都能缔结，这也说明本约合同并不必然代替预约合同，从而以负担新的债务方式而使原有的债务消灭，所以本约更新预约说无法合理定位预约合同与本约合同之间的关系。[2]

待完善的本约合同说直接否定了预约合同的容许性，但不可否认的是，预约合同之所以受到市场主体青睐，从早期的市场交易沿用至今，正是基于其特殊的功能和价值。如若将预约合同视为本约合同的雏形，把其中的未决条款视为待商条款，势必会违背意思自治原则。待商条款存在于业已成立的本约合同中，是由于当事人对某些条款无法达成一致，将其搁置以待进一步地磋商。而未决条款属于成立本约合同的必要条款，如果没有达成，本约合同则无成立的基础。从预约合同到本约合同的成立，当事人必然要对预约合同中的未决条款达成一致，如果将预约合同看作需要完善条

[1] 唐晓晴：《预约合同法律制度研究》，澳门大学法学院 2004 年版，第 77 页。

[2] 王利明：《预约合同若干问题研究——我国司法解释相关规定评述》，载《法商研究》2014 年第 1 期。

款的本约合同，实质上是混淆了未决条款与待商条款。预约合同与本约合同具有不同的法律关系，其当事人之间的权利、义务及法律后果亦不尽相同。预约合同最重要的价值就是确保当事人在将来一定的时期订立本约合同。因此，将预约合同定性为待完善的本约合同，否定预约合同的容许性，实为不妥。

事实上，预约合同是为了订立本约合同而订立的，即便本约合同没有成立，预约合同对当事人仍具有拘束力。预约合同与本约合同有着不同的权利和义务关系，两者相互独立，属于不同的合同。虽然预约合同与本约合同存在牵连关系，但它们并非主从关系，因此，独立契约说正是解释预约合同与本约合同关系的正确观点。

3. 预约合同与框架合同

框架合同（Frame contract）属于德国判例法上的概念，又称架构合同、范畴合同，目前在我国交易实践中被广泛应用，具体是指当事人为了之后签订同一类型的合同（个别合同），而成立的具有基本框架（架构）和基本条件的合同。[1] 框架合同与预约合同相比，都着眼于缔结其他合同，不仅形式上具有一定的相似性，而且都具有完全的效力。但两者的不同之处在于：其一，任何预约合同中，当事人必然负有缔结本约的义务。但在框架合同中，订立个别合同的义务并不必然，其可有可无。[2] 因此，当事人可以基于预约合同而诉请对方订立本约合同，但并不总能基于框架合同而请求对方订立个别合同。其二，订立预约合同的目的是缔结某个本约合同，可以说其与本约合同属一对一的关系范畴。但在一项框架合同中，其往往对应数个个别合同。其三，当本约合同订立时，预约合同即刻终止，以此可以说预约合同具有一定的暂时性。但框架合同则不同，其具有一定常设性，它是当事人长期合作的基础，存续时间往往会长于个别合同，单个个别合同的订立或履行并不导致框架合同的终止。框架合同除调整个别合同

[1] 黄立:《民法债编总论》，中国政法大学出版社 2002 年版，第 52 页。

[2] 如果框架合同包含了缔约的义务，就缔约义务的对象（个别合同）而言，则可以被评价为预约合同。黄立:《民法债编总论》，中国政法大学出版社 2002 年版，第 52 页。

的缔结以外，还调整长期交易的一般规则，只有满足合同解除条件或其存续期间届满时，才能使其终止。相比之下，预约合同并不调整当事人长期的交易关系，其只着眼于本约合同的缔结，本约合同一经成立，其任务便已终结。[1] 因此，框架合同的范畴涵盖预约合同，不能简单地将预约合同与框架合同画等号。

4. 预约合同与附停止条件合同

附停止条件合同与预约合同一样，都是私法自治的产物，当事人通过附加条件来控制合同的效力。[2] 但与预约合同相比，存在以下差别：其一，在合同数量方面，预约合同当事人为了实现合同目的，还需订立一个新的合同。但附停止条件的合同由于无需订立其他合同，需待条件实现便可达到最终目的，无论合同条件是否实现，始终只有一个合同。其二，在合同效力方面，预约合同在成立时即已生效，除非预约合同附有生效条件。而在附停止条件的合同中，只有当所附条件满足时合同才能生效。其三，在权利义务关系方面，附停止条件的合同成立时，直接指向当事人具体的权利义务关系。而预约合同订立后，仅指向本约合同的缔结行为，只有在本约合同成立时，才能涉及当事人之间的具体权利义务关系。诚然，当附停止条件合同中所附条件成就时，当事人即可直接履行合同约定的权利及义务。当预约合同生效时，当事人并非直接进入合同债权债务的履行阶段，还需通过新的要约与承诺确立具体的权利和义务。[3] 其四，在确定性方面，在预约合同中，除非法定事由抑或当事人违约的原因，本约合同的缔结因预约合同缔约义务而确定。但是在一项附停止条件的合同中，停止条件的成就与否并不确定，这便导致合同是否生效亦有不确定性。当然，预约合同中当事人也可以就本约合同的订立附加停止条件，其并不改变预约合同的属性。

相较于理论对预约合同与附生效条件合同的泾渭分明，司法实务对两

[1] 陈进：《德国法上框架合同理论的演变及其启示》，载《政治与法律》2013 年第 3 期。

[2] 翟远见：《〈合同法〉第 45 条（附条件合同）评注》，载《法学家》2018 年第 5 期。

[3] 刘俊臣：《合同预约若干法律问题初探》，载《法律适用》2002 年第 4 期。

者的界分并非易事。市场主体很多时候选择订立预约合同，是因为客观事实或法律规定等原因阻却了本约合同的订立，基于此，双方当事人达成待客观事实或法律规定等阻却因素消失后签订正式合同的合意，那么对于这种合意到底应被看作附停止条件的合同还是预约合同呢？对此，客观解释论认为，一方面，附停止条件的合同中，条件的实现具有不确定性，而在预约合同中，本约的订立是当事人的既定目标，具有确定性和可预见性；另一方面，在附停止条件的合同中，当事人的权利义务关系指向具体，并非为订立本约合同的行为，如若条件实现，合同当即生效而非成立，当事人即可按合同行事；而在预约合同中，磋商及订立本约合同是必经程序。另外，在预约合同中，当事人当然可以约定订立本约的条件，但这并不意味着预约合同与附停止条件的合同便可画等号。[1]主观解释论对此提出质疑，认为在司法实践中，以条件成就与否的可预见性来区别两者不仅缺乏理论基础，而且难以操作。区分两者的根本还是要看当事人是否具有在一定的时期内订立本约的合意，倘若无该意思表示，无论合同约定的条件实现与否，当事人将直接形成具体的权利义务关系，合同性质终究为附停止条件的合同，而非预约合同。[2]

的确，如果能够确定当事人的意思表示，应当遵从意思自治原则优先，以当事人的真实表意来确定合同到底为预约合同还是附停止条件的合同。但是，司法实践中并非所有当事人都是法律工作者，能够精确应用法律术语，并且司法纠纷通常是当事人在事实解释上无法调和的情况下发生的。因此，完全依照主观解释论最后难免还会成为当事人证据的对抗。客观解释论通过合同条件是否可以预见及当事人的权利和义务关系是否明确来认定是预约合同还是附停止条件的合同，但产生的问题是，可以预见的标准程度是什么呢？权利义务的来源又是怎样的标准？事实上，确定附停止条件的合同是否为本约合同才是解决该类司法实践困惑的根本出路。诚如史尚宽教授在分析预约合同与附条件合同的关系上的表述，对于附停止条件

---

[1] 刘俊臣：《合同预约若干法律问题初探》，载《法律适用》2002 年第 4 期。

[2] 陆青：《〈买卖合同司法解释〉第 2 条评析》，载《法学家》2013 年第 3 期。

合同，其成立时本约合同即已成立，而对于预约合同，其成立时目的（本约）合同并未成立。[1] 因此，完全可以以界分预约合同和本约合同的标准，从合同的条文判断其为预约合同还是附停止条件的合同，倘若合同中具备了本约合同的全部必要条款，那么应认定其为附停止条件的合同，除非当事人约定合同性质仍为预约合同，抑或合同因特定形式未满足或特定物未交付而未成立；反之，如果合同不完全具备本约合同的全部必要条款，此时应认定其为预约合同。

需要补充的是，不同于中国法，在法国法学理论中，附生效（停止）条件的合同即为典型的预约合同，[2] 尹田教授对此解释到，法国法对预约合同的概念广义化，凡是为了订立正式合同而达成的契约都可被称为预约。[3] 诚然，法国法上对预约合同与本书讨论的严格意义上的预约合同的范畴并不一致。

5. 预约合同与预售合同

所谓预售合同，是指购买者（预购方）与出售者（预售方）约定，由购买者先行支付（全部或部分）价金，出售者在未来一定期限内交付商品的买卖合同。与一般买卖合同相比，预售合同的商品交付与价金支付并非同步进行，购买方获得的仅是某种期待性利益，而非现实的既得利益。这种期待性利益与预约合同对缔结本约合同的期待性相似，并且由于名称与预约合同也具有相似之处，因此，不乏认为预售合同属于预约合同的观点。

当前市场经济发展迅速，各种商品供应丰富，流通渠道畅通，一般商品的预售合同在我国的应用越来越少。但随着房地产开发的兴盛，关于商品房的预售合同在市场上的应用则相当普遍，它一方面可以使购房者在房价日趋激增的环境下提前确定交易，另一方面也方便了房地产开发商提前融资，以解决项目建设周期长、资金需求量大而导致的资金紧缺等问题。

（商品房）预售合同与预约合同具有一定的相似性，两者名称类同，都

---

[1] 史尚宽：《债法总论》，中国政法大学出版社 2000 年版，第 13 页。

[2] 尹田：《法国现代合同法》，法律出版社 2009 年版，第 57 页。

[3] 刘俊臣：《合同预约若干法律问题初探》，载《法律适用》2002 年第 4 期。

含有预先的意思；两者不仅都有固定当事人之间交易的功能，而且都期待将来一定时期内相关事件发生。然而两者却存在本质上的区别，预售合同与预约合同名称上虽都有“预”字，但并不能因此将两者归为同一。首先，商品房预售合同的“预先”是相对商品房未完工之前的销售和购买行为而言的。而预约合同的“预先”是相对本约合同的签订而言的。商品房预售合同在订立之时，通常房屋尚未完工，所以加之“预售”二字。事实上，预售合同为现货交易中的远期交货合同，其与一般合同相比，只不过将商品的交付时间进行延后，其他方面与现货交易合同并无二致。其次，（商品房）预售合同的期待性来自购房者对房屋交付的期待，涉及具体的权利和义务关系，而预约合同的期待性来自当事人对本约合同签订的期待。再次，就固定当事人之间的交易而言，并非预约合同仅有，本约合同更有固定甚至确定当事人交易之功能，并不能以此作为混淆预约合同与预售合同的根据。最后，商品房预售合同内容中，通常会有商品房的面积、位置、户型、价款及付款方式与交付期限等详尽条款，当事人无需以后另行订立新的合同，按照预售合同的约定便可直接履行，办理房屋产权登记，从而实现交易目的。[1] 即便房屋预售合同中约定在某个时期签订房屋买卖合同，其也只不过是相对的房屋预售合同更详细、规范和正式的文本罢了，不能改变房屋预售合同的性质。相比预约合同订立时，本约合同并未成立，当事人还需签订房屋买卖合同（本约合同）才能实现交易目的。

6. 预约合同与具有待商条款的合同的关系

具有待商条款的合同与预约合同的形式十分相似，它们都有欠缺的条款需要去补正。待商条款又称待定条款（open term），是指各方当事人意在订立一项合同，但有意将一项或多项条款留待进一步谈判商定或有第三人确定的条款。[2] 待商条款与未决条款不同，待商条款出现在本约合同成

[1] 房绍坤、杜甲华：《论商品房预售合同的几个问题》，载《烟台大学学报（哲学社会科学版）》1998 年第 7 期。

[2] 张玉卿：《国际统一私法协会国际商事合同通则 2010》，中国商务出版社 2012 年版，第 160—163 页。

立时或成立后，是由当事人一致同意的，将其搁置并约定以后进行进一步的磋商的条款，其并不影响本约合同的成立。而未决条款则属于成立本约合同的必要条款，如果无法达成合意，本约合同则无法成立。未决条款表现为两种形式，一种为本约合同的必要条款，另一种为当事人一方明确要求必须在本约合同里具备的其他条款。

原则上，当事人就所有必要条款达成合意，合同即告成立。但在特定情况下，某个事项（非必要条款）对一方或双方当事人来说具有特殊意义，如若双方没有达成合意，便无意受到任何约束，合同自然无法成立。例如，甲和乙就购买乙产品的事宜进行磋商，在磋商中乙反复声明，必须明确解决由谁负责运送产品的问题，否则将不予合作，此时双方即便就买卖合同所有必要条款达成一致，合同仍没有成立，因为当事人一方坚持合同的订立还需特定条款（运输条款）的协商一致。此时，若双方约定对此进行磋商并在一定期间内订立买卖合同，则该合意属预约合同，运送条款就是预约合同里的未决条款。但相反的是，倘若双方当事人在订立合同时，特意将某项必要条款留待以后进一步磋商或由第三人确定，那么该条款则成为待商条款，并不妨碍合同的成立。[1] 如上例，若甲、乙就除产品价金以外的所有事项都达成了合意，但一致同意先订立买卖合同，价金在合同成立后再行商讨，那么此时作为买卖合同成立的必要条款价金条款便成了待商条款，缺之并不影响买卖合同的成立。因此，可以说具有待商条款的合同为业已成立的本约合同。

7. 要式合同（实践合同）因缺乏形式要件（标的物交付）而未成立时的双方合意与预约合同的关系[2]

要式合同的成立，形式上必须满足法律法规的规定或者当事人的约定。实践合同的成立，除当事人双方意思表示一致外，还须交付标的物。

[1] 参见张玉卿:《国际统一私法协会国际商事合同通则 2010》，中国商务出版社 2012 年版，第 160—163 页。

[2] 需要说明的是，这里将同时探讨实践合同因标的物未交付而未成立时双方合意与预约合同的关系。

那么由此产生的问题是，当要式合同的当事人双方已达成合意，但形式上还未能满足法律法规的规定或者当事人的约定，抑或实践合同的当事人已达成合意，但尚未交付标的物，此时的合意能否被看作预约合同呢？肯定说认为，就历史维度上讲，预约合同之所以被市场主体加以应用，目的是解决完成物之交付才能成立契约的困局，其是物之交付前信赖利益保护缺失的产物，因此，应将当事人在要物合同成立之前所达成的合意认定为预约合同。[1] 同理，那些因缺乏法律形式或当事人要求的形式而未成立合同时所达成的合意，也应被看作预约合同，因为该合意所对应的合同（要式合同）并未成立。[2] 有学者对此提出了质疑，认为该学说为定性偏差，将预约合同与本约合同混为一谈，因为实践合同的当事人尚未履行交付，其仅为本约合同没有成立，此时已完全具备了本约合同成立的所有要素，而未有当事人约定将来一定期限内订立合同的合意。另外，将实践合同未成立之前的合意看作预约合同，虽能够保护善意缔约一方当事人的合法权利（当一方故意不履行交付义务，可追究其违约责任而非缔约过失责任），但并不是唯一方式，并且法律上也并未有对其（如被赠与人）给予特殊保护的规定，缔约过失责任制度便已能"胜任"。[3] 另有观点补充到，虽然履行交付使合同成立可以被解释为将来订立一个本约合同，但关键的问题是达成实践合同与物之交付的履行同时发生，其并非先后而为平行关系，将实践合同或要式合同未成立前的合意看作预约合同有失偏颇。[4]

不可否认，实践中预约合同对于要式合同或实践合同而言具有特殊的地位，我国台湾地区就对它们的关系阐述道："预约为……通常在要式或要物契约始有其存在价值。"[5] 但是，这并不能证成因形式欠缺未成立的要式

[1] 孙森焱：《民法债编总论》（上），三民书局 1999 年版，第 45 页；郑玉波：《民法债编总论》，中国政法大学出版社 2003 年版，第 31 页。

[2] 王新、秦芳华：《论预约及其责任》，载《律师世界》1998 年第 4 期。

[3] 刘俊臣：《合同预约若干法律问题初探》，载《法律适用》2002 年第 4 期。

[4] 陶玺：《预约合同的效力与违约救济问题研究》，载中国民商法律网，https：//www.civillaw.com.cn/lw/l/? id=29377，最后访问时间 2017 年 6 月 22 日。

[5] 转引自王泽鉴：《债法原理》，中国政法大学出版社 2001 年版，第 124 页。

合同抑或因标的物未交付而未成立的实践合同的合意就是预约合同。正如我国台湾地区对此问题做出的裁判："唯当事人之间如已就租赁契约必要之点即租赁物与租金互相表示一致，其租赁契约即为成立，不能因尚未订立书面契约，认其仅属预约之性质。"事实上，判断该合意是否为预约合同应从内容上进行筛查，预约合同成立的必要条款为本约合同的标的、订立本约合同的合意（标的条款）、期限性条款三项，虽然目的合同（要式合同或实践合同）并未成立，但并不代表当事人已就双方要在一定的期间内订立要式合同或实践合同达成合意，并且已经达成的合意也未必受合同约束的意思。的确，"交付标的物或完成形式使合同成立"似乎能够解释为"在未来某个期间内缔结合同"，但问题是，交付标的物、完成形式属于实践合同和要式合同合意的体现，对于实践合同（或要式合同）达成的合意与物之交付的履行之间（或事实上满足形式要求）同步进行，同预约合同与本约合同的关系并不相符。[1] 因此，当要式合同的当事人双方已达成合意，但形式上还未能满足法律法规的规定或者当事人的约定，抑或实践合同的当事人已达成合意，但尚未交付标的物，此时的合意并非都可认定为预约合同。当然，如果当事人在形式未满足前（就要式合同而言）或标的物未交付前（就实践合同而言）就所有事项达成合意，并约定在将来一定的期间内完成要式合同或实践合同订立的，该种合意则应当认定为预约合同。如上文提到学者刘承韪的观点，其按内容将预约合同层次化分类的最后一个层级完整预约中，[2] 以《招标投标法》第 46 条作为例证。虽然中标通知书是对投标（要约）的承诺，但由于法律的形式要求，双方当事人未签订书面合同的，合同并不成立。此时应看当事人是否有签订目的合同的义务，如有则此时的合意为预约合同，反之则无，这就牵扯到对该条规定中"应当"的学理解释。

---

[1] 陶玺：《预约合同的效力与违约救济问题研究》，载中国民商法律网，https：//www.civillaw.com.cn/lw/l/? id=29377，最后访问时间 2017 年 6 月 22 日。

[2] 刘承韪：《预约合同层次论》，载《法学论坛》2013 年第 6 期。

## 三、对域外理论类型化的检视

在域外很多国家的立法或法学理论中，都有预约合同的出现。法国作为首个将预约合同纳入法律体系的国家，在理论上对预约合同的研究也有较长的历史，法国学者将预约合同加以类型化，具体为优先性协议、原则同意性协议和订立合同的单方允诺等三种类别。[1] 但值得注意的是，大陆法所称的预约合同与本书所讨论的预约合同并不完全相同，其涵盖范围要广得多，凡参与者事先达成订立合同的协议都可被称为预约合同。[2] 由此，上述三种类型合同是否属真正意义上的预约合同，有待考证。

第一类优先性协议，也被称为"进行合同谈判的预备性协议"。[3] 在该类协议中，一方当事人会向对方承诺予以权利，即当其确定要订立某个特定合同时，要先向对方发出要约，对方有优先于第三人与其订立该合同的权利。由于该类协议所指的合同内容未有确立，给予对方以优先权的当事人当然可以选择不与任何人订立合同，但倘若其确定订立，则有向对方首先发出要约的义务，而对方并不因此负有义务，其有权承诺或予以拒绝，甚至发出反要约。[4]

有观点认为该类协议并非预约合同，其一，仅一方当事人享有优先与第三人订立特定合同之权利，由此便会固定单方交易，与预约合同为双方当事人固定交易机会的属性相左。其二，由于一方当事人享有优先权或者选择权，对方当事人以任何价格出售商品之前都必须向其发出要约，受要约方当事人在任何价位上均享有优先承诺的权利，故对受要约方当事人而言，只有权利而无必须缔结本约合同或者为缔结本约合同必须进行磋商的

[1] 尹田：《法国现代合同法》，法律出版社 2009 年版，第 68 页。

[2] 刘俊臣：《合同预约若干法律问题初探》，载《法律适用》2002 年第 4 期。

[3] 尹田：《法国现代合同法》，法律出版社 2009 年版，第 68 页。

[4] 尹田：《法国现代合同法》，法律出版社 2009 年版，第 68 页。

义务，此与预约合同的基本含义不相符。[1] 该观点值得商榷，第一，固定当事人的交易机会只是预约合同的一项功能，不能因为无此项功能而否定预约合同的存在。第二，预约合同虽然具有固定双方当事人交易机会的功能，但并不代表必须固定所有当事人，只为一方当事人固定交易机会，仍然属于预约合同功能的体现。第三，预约合同有双务预约合同和单务预约合同之分，单务预约合同中仅一方当事人负有订立本约合同的义务。[2] 诚然，此论据并不能否认优先性协议可为预约合同。

但需要指出的是，并非所有的优先性协议都能被认定为预约合同，关键在于其是否符合预约合同的所有基本特征。为了更好地说明此问题，在此罗列四类情况试以对比分析。情况 A：甲向乙表示，甲以 10 万元的价格出售自己的汽车，乙有权优先购买，但需在 10 天内给甲答复。情况 B：甲、乙约定，甲以 10 万元的价格出售自己的汽车，乙可在 10 天内以此价购买。情况 C：甲、乙约定，如果甲出售自己的汽车时，乙可以以 10 万元的价格优先购买。情况 D：甲、乙约定，当甲出售自己的汽车时，乙可以优先与甲订立汽车买卖合同。

对于以上四种情况，情况 A 既不属于优先性协议也不属于预约合同，其与单方允诺（Unilateral promise）相似，只是当事人一方的意思表示（要约）而已。在情况 B 中，双方当事人的约定已经构成了一个具有约束力的合同，但由于合同中未有订立一个新合同的目的，仅仅附加了一个停止条件（乙如果在 10 天内购买），已经指向具体的权利义务关系，应当将其认定为附停止条件的本约合同，而非预约合同。而情况 C 与情况 B 的本质相同，都为本约合同，不同的是，情况 C 又增加了一个前提条件，即如果甲出售自己的汽车。情况 D 与情况 B、C 不同，其属于预约合同。合同中附加了停止条件，即甲同意出售汽车和乙同意与甲签订汽车买卖合同，因缺乏本约合同成立的必要条款，并不指向具体的权利义务关系（买卖汽车），

[1] 最高人民法院民事审判第二庭编著：《最高人民法院关于买卖合同司法解释理解与适用》，人民法院出版社 2016 年版，第 67 页。

[2] 王泽鉴：《债法原理》，北京大学出版社 2009 年版，第 115 页。

这次合同中仅甲具有与乙订立本约合同的义务，因此，可以说是附停止条件的单务预约合同。

第二类原则同意性协议，当事人有义务对合同的具体事项展开善意的磋商，促使合同最终订立，但合同的签订并非他们的义务。倘若当事人违反协议，以违约追究其责任。[1]

与预约合同不同，原则同意性协议虽然可以为继续谈判的根据，但对当事人之间的要约与承诺未有限定，无法产生订立本约合同的义务，仅具有继续磋商的义务，其难免会发生当事人嗣后无意订立本约合同将其流于形式的情形，最终导致不了了之。可以说，原则同意性协议仅是一个未完的协商过程的阶段性标志而已，[2] 其法律价值与意向书类似。

第三类订立合同的单方允诺，一方当事人会向特定当事人允诺，若其在某一特定期间内提出请求，将会与其按照既定条件订立合同。质言之，合同如若达成，作出允诺的当事人便负有与被允诺方（当其请求时）订立合同的义务，而被允诺方并不因此承担义务，其可通过明示或默示的方式加以拒绝，也能够明确对允诺方加以承诺，但该承诺需在允诺既定的期限内作出，否则将不会产生任何法律效果。[3]

订立合同的单方允诺同优先性协议相似，在某些情况下属于附停止条件的单务预约合同。例如，甲给乙三年的时间决定购买或者不购买甲的房屋。但应当注意的是，“已确定好的条件”不能完全具备合同的必要条款，否则将形成具体的权利和义务关系，成为附停止条件的单务本约合同。

基于判例研究和市场应用分析，以 E. Allan Farnsworth 教授为代表的诸多学者将当事人达成最终协议（ultimate agreement）前的所有协议分为将行谈判的初步协议（preliminary agreement to negotiate）和带开放条款的初步协议（preliminary agreement with open terms）两类。前者的协议当事人基本上对多数条款已进行约定，但双方并没有受其约束的意思，仅

---

[1] 尹田：《法国现代合同法》，法律出版社 2009 年版，第 68 页。

[2] 刘俊臣：《合同预约若干法律问题初探》，载《法律适用》2002 年第 4 期。

[3] 尹田：《法国现代合同法》，法律出版社 2009 年版，第 69 页。

承担磋商义务。后者的协议当事人不仅已对多数条款达成合意，而且甘受其约束，对于未约定的事项（open terms），双方负有磋商义务，直至最终达成合意，与已约定内容形成最终协议。倘若一方中途无故停止谈判或谈判不成功，则利害关系人可上告法院，法院可直接对关涉的未约定事项作出补充。[1]

在将行谈判的初步协议中，明确的磋商义务使其与具备未决条款的预约合同相似，若当事人未履行磋商义务导致最终协议未能成立的，虽不会被强制执行，但可能会为此承担责任。[2] 如 Itek Corp. v. Chicago Aerial Industries，Inc. 一案中，当事人在意向书（letter of intent）中约定："双方应尽一切努力尽快磋商达成公司收购书面合同……"但一方当事人其间违背约定终止了谈判。特拉华州最高法院（The Delaware Supreme Court）认为，被告在收到第三方提出的更高报价后突然终止谈判，有违诚信义务（duty of good faith）。[3] 相似地，美国第七巡回上诉法院在相关案例上也认为，将行谈判的初步协议在某些条件具备的情形下，须有诚信的义务。[4] 然而，上述根据允诺禁反言规则（promissory estoppel）所产生的损害赔偿，在判例法中只能以例外而非规则看待，[5] 因为在崇尚契约自由的英美法中，磋商为合同达成的成本，是缔约者角力的过程，双方当事人试图从中获得最大利润是自由市场讨价还价的本质，没有法律规则能够限制商业利益的运行，

[1] See E. Allan Farnsworth，Precontractual Liability and Preliminary Agreement：Fair Dealing and Failed Negotiations，Columbia Law Review，volume 87，1987；George Winterton，Is an "Agreement to Agree" Unenforceable? Western Australian Law Review，volume 9，1969；Barbara McDonald，Jane Swanton，Contract Law–Agreements to "negotiate"，"deal"，"consult" or "confer" Australian Law Journal，volume 66，1992；Charles Knapp，Enforcing the Contract to Bargain，New York University Law Review，volume 44，1969；A. M. Dugdale，N.V. Lowe，Contracts to Contract and Contracts to Negotiate，Journal of Business Law，1976.

[2] See Joost Blom，Judicial Law Reform in the Law of Contract，University of British Columbia Law Review，volume 23，1988.

[3] Itek Corp. v. Chicago Aerial Industries，Inc.，248 A.2d 625（Del. 1968）.

[4] Venture Feldman v. Allegheny International，Inc.，850 F.2d 1217（7th Cir. 1988）.

[5] See Alan Schwartz，Robert E. Scott，Precontractual Liability and Preliminary Agreements，Harvard Law Review，volume 120，2017.

不能把私利描述为不诚实，退出磋商正是契约自由的体现。[1] 因此，无论是从效力还是责任角度来看，将行谈判的初步协议与大陆法意义上的意向书相似。

与将行谈判的初步协议相比，带开放条款的初步协议最大的不同在于当事人愿受已达成条款的约束。在英美法中，文本中使用“协议”一词并不意味着合同的存在。如果当事人意图受到合同的约束，带开放条款的初步协议始终为合同，只不过名称不一样罢了。[2] 那么带开放条款的初步协议是否为大陆法意义上的预约合同，则需以英美法契约制度为视角分析协议的性质。

事实上，在英美法司法实务中，对初步协议的定性并不像大陆法系诸多国家那样优先考察协议的条款，再据此判定协议的性质。相反，其仅仅考察当事人是否有建立法律约束关系的意思（intend of the parties to be bound），如果答案为肯定，则以合同（contract）处理，相反则将其看作毫无效力的允诺。[3] E. Allan Farnsworth 教授也正是基于此将初步协议分为前述两类，并以货物销售合同例证到，[4] 如果当事人将价金条款留待之后磋商，根据美国《统一商法典》（*Uniform Commercial Code*）第 2—305（1）条和（4）条的规定，当事人若有意受约，即使价格未有确立，买卖合同依然能够成立。[5] 相反，当事人若无意受约，除非价格固定或已约定，否则

[1] See Alan Schwartz, Robert E. Scott, Precontractual Liability and Preliminary Agreements, Harvard Law Review, volume 120, 2017.

[2] Nadia E. Nedzel, A Comparative Study of Good Faith, Fair Dealing, and Precontractual Liability, Tulane European & Civil Law Forum, volume 21, 1997.

[3] See Michael Furmston, The Law of Contract, Lexisnexis 4th edn., 2010, pp. 447–448, 489.

[4] E. Allan Farnsworth, Precontractual Liability and Preliminary Agreement: Fair Dealing and Failed Negotiations, Columbia Law Review, volume 87, 1987.

[5] Uniform Commercial Code § 2-305. Open Price Term:（1）The parties if they so intend can conclude a contract for sale even though the price is not settled. In such a case the price is a reasonable price,（a）nothing is said as to price（b）the price is left to be agreed by the parties and they fail to agree（c）the price is to be fixed in terms of some agreed market or other standard as set or recorded by a third person or agency and it is not so set or recorded.

合同并不存在。[1] 在美国法中，具有法院不代当事人缔约原则（the courts do not make contracts for the parties），只有在双方当事人没有确定合同的全部内容，未确定部分又不具有影响合同成立的重要性，但协议已显示了对其确定的某些标准时才能适用。[2] 同样，在英国，当法院确定当事人均有受合同约束的意思，但在某些必要条款上未能达成一致时，通常会根据当事人过去的交易惯例或者其他相关的交易习惯认定当事人意思表示有效。例如，当交易价格不明确时，法庭会参照“合理给付价格”原则，该做法在普通法中已经被沿用了很久，但所有的前提是，法庭已充分确定当事人有订立一份有约束力合约的意思。[3] 因此，可以说一项初步协议，要么是无效力的允诺，要么是已成立的（本约）合同，并无预约合同的容许性。而其中的原因在于预约合同作为一种约束当事人订立合同的合同，与英美法的约因（consideration）制度不符，约因是双方交易磋商的后果，并不指向磋商本身，无约因则无契约存在。[4] 但是，预约合同里存在的买卖合同标的内容恰恰又是合同成立的约因（consideration），当一切要素具备时，直接以合同（contract）看待之。诚然，带开放条款的初步协议中的开放条款（open terms）属性为待商条款，与大多数大陆法系和英美法系国家通用的《国际统一私法协会国际商事合同通则 2010》（*UNIDROIT Principals of international commercial Contracts 2010*）第 2.1.14 条第（1）款所规定的特

---

[1] Uniform Commercial Code § 2-305. Open Price Term:（4）Where, however, the parties intend not to be bound unless the price be fixed or agreed and it is not fixed or agreed there is no contract. In such a case the buyer must return any goods already received or if unable so to do must pay their reasonable value at the time of delivery and the sellermust return any portion of the price paid on account.

[2] 唐晓晴:《预约合同法律制度研究》，澳门大学法学院 2004 年版，第 66 页。

[3] 沈伟、于宝露:《预约合同责任的“诚实信用进路”及法经济学解构》，载《苏州大学学报》2015 年第 1 期。

[4] See Restatement（Second）section 17-Requirement of a Bargain（1）Except as stated in Subsection（2）, the foundation of a contract requires a bargain in which there is a manifestation of mutual assent to the exchange and a consideration.（2）Whether or not there is a bargain a contract may be formed under special rules applicable to formal contracts or under the rules stated in §§ 82-94.

定待定之条款相同，并不影响合同的成立。[1] 其与大陆法意义上的预约合同具有本质区别，并未有某种交叉或包含关系。遗憾的是，国内诸多学者直接将 preliminary agreement 直译为预约合同，并以大陆法的视角不加以区别地予以对待。

[1] 张玉卿:《国际统一私法协会国际商事合同通则 2010》，中国商务出版社 2012 年版，第 161—163 页。

第三章

# 效力论：法教义学比较与析解

诚如著名法学家科宾所言，有效的合同即为有约束力的法锁（vinculum iuri），具有约束当事人的效力，当事人需要遵守基于它所产生的法律关系。它由特定的事实构成，而这些事实所形成的法律性质，会使有组织的社会对义务承担者采取有利于权利享有者的救济措施，这就是合同所蕴含的拘束力和强制执行力的意义。[1]预约作为合同的一种类型，当事人不仅受其约束，而且应承担违背其时所造成的不利后果。《民法典》第495条首次以法律形式确认了预约合同的概念，并明确当事人一方若不履行订立本约的义务，对方有请求其承担违约责任的权利。但是，对于预约合同的效力问题，《民法典》合同编及相关司法解释则予以搁置，对司法实践矛盾的解决和理论莫衷一是的现状并无多大意义。预约合同具有怎样的效力是违约者承担责任的指引和风向标，属于预约合同制度的核心内容。[2]该问题的分歧不

[1] [美]科宾：《科宾论合同》(一卷版)，王卫国、徐国栋等译，中国大百科全书出版社1997年版，第7页。

[2] 范硕、余延满：《预约合同立法阙如下若干问题之刍议》，载《私法》2017年第2期。

仅导致司法不确定性凸显，也将造成预约合同市场价值无法充分发挥，诚然，对相关观点梳理析解及司法实证分析研究显得尤为迫切和重要。

## 第一节 诚信磋商说

诚信磋商说一开始是由必须磋商说演变而来的，持必须磋商说的学者认为，由于当事人订立预约合同本来就是一种延后本约效力和规避本约责任的途径，这里的意义要大于预约合同固定交易机会的功能，当事人只要为订立本约合同进行了实际磋商，即完成了预约合同义务，至于本约有没有达成则无关紧要。[1] 这种观点提出后便遭到了诸多学者的质疑，如果预约合同仅仅磋商便已履行，那么该种形式意义上的“预约合同”还有什么存在的意义呢？怎样实现当事人通过其固定交易机会之目的呢？[2] 针对这些问题，有学者对该说进行了修正，提出诚信磋商说，认为诚实信用为必须磋商说的必备要素。详言之，预约合同生效后，当事人为了达成本约合同，仅进行形式上的磋商远远不够，磋商应具备真诚和善意，这样才能真正履行预约合同的义务。诚信磋商说可以说是契约自由精神的产物，双方本着诚实善意的态度为缔结本约合同进行谈判，无论是否最终缔结本约合同，其皆为双方意思自治之充分体现，法律应当给予尊重。[3]

域外司法对诚信磋商说认可的国家或地区有法国和早期的澳门。法国作为首个将预约合同纳入法律体系的国家，虽然《法国民法典》第 1589 条仅就买卖合同设置了预约制度，但在司法实践中凡预约合同都持以磋商效力并适用至今。其民法典第 1590 条规定，若预约当事人实无法订立本约，

---

[1] 韩强：《论预约的效力和形态》，载《华东政法学院学报》2003 年第 1 期。

[2] 最高人民法院民事审判第二庭编著：《最高人民法院关于买卖合同司法解释理解与适用》，人民法院出版社 2016 年版，第 53 页。

[3] 张艳玲、白帮武：《预约合同相关问题探讨》，载《山东社会科学》2005 年第 2 期；白玉：《预约合同的法理及其应用》，载《东岳论丛》2009 年第 7 期；韩强：《论预约的效力与形态》，载《华东政法学院学报》2003 年第 1 期。

可适用定金罚则代替强制履行，以保障其合法权益。[1] 尽管后来英国法上的先合同义务（pre-contract obligations）移植为法国法，但其对当事人依旧不产生强制效力，而仅具有磋商义务。中国政府恢复行使主权前的澳门地区，同葡萄牙的预约合同制度一样，将定金或违约金条款视为排除实际履行的方式，只要合同中具备，预约当事人便可以此代替缔约。但在中国政府恢复行使主权后的《澳门民法典》认可了可强制履行的预约合同制度。

然而，很多学者认为诚信磋商说的提出对解决预约合同的效力问题并无实质意义，适用上仍存在诸多弊端：其一，有违预约合同制度构建本意。预约合同制度的构建是以订立本约为目的，而非仅仅促使双方当事人进行磋商。磋商是缔约的必经阶段，其本身就具有不确定属性，它是合同达成的手段而非目的。若预约合同制度的建立只是为了确保双方进行磋商，预约合同将失去自身价值，意向书即可替而代之，不必多此一举设置预约合同制度。[2] 其二，可能引发恶意预约的道德风险，不利于诚信守约方的利益保护。实现磋商义务并非难事，而什么是善意且真诚的磋商难以量化，并无具体的参考标准，当事人若根本无订立本约之意抑或临时改变主意，仅需演技便使磋商终流于形式，即便预约合同中有违约金或定金条款，也不过是形同虚设，无法追究其法律责任。[3] 其三，从市场实践的角度讲，诚信磋商说更倾向于买方利益，这违背了订立合同的公平原则。质言之，若买卖双方只要进行善意且真诚的磋商就是履约表现，最终能否缔结本约合同在所不问，那么买方可利用预约合同固定多个交易机会，扩大其可选范围，对卖方并不公平。[4] 但是，对诚信磋商说持支持观点的学者认为，既然为诚信磋商，当事人必须在磋商的阶段本着缔结本约合同的目的诚信、善意地磋商，如果一方利用磋商机会损害对方利益，实际与诚信磋商说本

[1]《法国民法典》(下册)，罗结珍译，法律出版社 2005 年版，第 1199 页、第 1208 页。

[2] 耿利航:《预约合同效力与违约救济的实证考察与应然路径》，载《法学研究》2016 年第 5 期。

[3] 最高人民法院民事审判第二庭编著:《最高人民法院关于买卖合同司法解释理解与适用》，人民法院出版社 2016 年版，第 54—58 页。

[4] 转引自韩强:《论预约的效力和形态》，载《华东政法学院学报》2003 年第 1 期。

末倒置。并且，即使当事人经过善意和诚信的磋商，也未必都能最终达成本约合同，诚信磋商说是当事人意思自治的保障。如果当事人经过诚信磋商后无法达成本约，而要求强制缔结本约的，是对意思自治原则的根本违背，因为预约合同本身就是意思自治的产物。[1] 追本逐利是市场参与者的天性，也是其应有的权利。一方当事人虽然利用预约合同"拴住"了对方，但若在本约订立前出现对当事人更为有利的交易良机，根据缔约自由原则，不能以双方缔结了预约合同为由而剥夺其与他人交易的权利，从而强迫其与对方缔结本约合同，应当由当事人权衡利弊后作出真实意思表示。[2] 另外，对于买卖双方而言，预约合同倾向于买方利益，不仅顺应了法律保护消费者的价值倾向，而且买方也可利用其"拴住"更多的交易良机，以做出更为优项的决定。[3]

综上，诚信磋商说最大限度地保证了当事人依据内心的真实意思缔约交易的自由，主张预约合同所产生的法律效力反映为当事人是否为促成本约合同的最终缔结而开展了真诚且善意的磋商行为，当当事人已为达成本约竭尽全力磋商，预约合同便已履行，不再因本约合同未有达成而产生责任。

## 第二节　应当缔约说

应当缔约说主张在预约合同生效后，债务人即负有订立本约之义务，对方有请求其订立本约之权利，若法院命债务人订立本约，而债务人不为意思表示者，将视其在裁判确立时为意思表示。[4] 换言之，预约合同不但会对当事人产生磋商的效力，还会对其产生最终缔结本约的效力，除法律规定的事由外，当事人必须在合同约定的时间节点内完成对本约的订立，

[1] 王新、秦芳华：《论预约及其责任》，载《律师世界》1998 年第 4 期。

[2] 胡冬冬、张洋：《违反预约的法律责任问题》，载《河北学刊》2008 年第 4 期。

[3] 韩强：《论预约的效力和形态》，载《华东政法学院学报》2003 年第 1 期。

[4] 王泽鉴：《债法原理》(一)，中国政法大学出版社 2001 年版，第 150 页。

不然合同将毫无意义。[1]

在域外很多国家或地区的法律或司法实践中，应当缔约说被广泛认可。比如意大利从《法国民法典》引入预约合同制度后，对其进行了完善与发展。不同于《法国民法典》，《意大利民法典》第2932条明确规定法律在尊重双方当事人约定以及个案客观实际的同时强调强制缔约的预约合同效力。[2] 除此之外，《德国民事诉讼法》第894条规定，若本约合同的缔结尚属可能，权利人有权要求履行预约合同。经权利人申请，法院可令有履行预约义务的一方作出订立本约合同的意思表示。若在判决转为确定之前，义务方仍未按法院要求缔结本约合同，其意思表示将由法院作出。[3]《俄罗斯联邦民法典》第429条第5款及《芬兰不动产法》第7小节规定，如若预约合同一方拒不缔结本约合同，对方可依法向法院提出诉讼，请求强制对方缔结本约。[4]《墨西哥民法典》将履行预约、缔结本约作为一项原则，仅在标的物被善意取得时才例外。《秘鲁民法典》也明确规定，在一项确定性合同当中，倘若任何一方无正当客观事由不履行合同义务，无过错一方不仅有权请求法院确认预约合同无效，还可以请求法院强制订立本约合同，并且在任一情形下都有请求违约方赔偿损失或者损害的权利。[5]

应当缔约说是基于维护预约合同订立目的和诚实信用原则的立场而被提出的，但也遭到了诸多学者的质疑，主要理由为：其一，预约合同为特殊合同，其标的为订立本约合同行为，而这种行为又基于双方既有的信赖而产生，合同中含有人身属性，合同的订立不能代替意思，更不能进行强

---

[1] 最高人民法院民事审判第二庭编著：《最高人民法院关于买卖合同司法解释理解与适用》，人民法院出版社2016年版，第53页。

[2] See Italian Civil Code, Art. 2932. (Specific execution of the obligation to conclude a contract). If the party who is obliged to conclude a contract does not fulfill the obligation, the other party, if it is possible and is not excluded from the title, can obtain a sentence that produces the effects of the contract not concluded. 参见《意大利民法典》，费安玲、丁玫译，中国政法大学出版社1997年版，第769页。

[3] [德] 罗森贝克等：《德国民事诉讼法》(上)，李大雪译，中国法制出版社2004年版，第220页。

[4]《俄罗斯联邦民法典》，黄道秀译，中国大百科全书出版社1999年版，第186页。

[5] Codigo Civil de Peru, Art. 1418. 转引自吴颂明：《预约合同研究》，载梁慧星主编：《民商法论丛》(第17卷)，法律出版社2000年版，第512—513页。

制，从根本上说，应当缔约说是拿一个基于自由意志的产物（预约合同）去限制另一个（本约）合同应有的自由意志。[1] 其二，倘若一项预约合同缺乏成立本约合同的必要条款，当事人为达成本约合同必定首先要进行磋商，若条款最终无法达成一致，并且双方对此也无任何过错，此时若仍坚持应当缔约说的观点，事实上与当事人双方的共同意愿背道而驰。[2] 即使一个预约合同具备了本约的全部必要条款，若在预约合同生效后至本约合同成立前的这段时间内，本约订立所依据的情势发生了重大变化，仍坚持让当事人依照预约合同缔结本约，则会产生不公平的现象。[3] 其三，若善意磋商不成，对一方当事人仍要求订立本约合同的请求持支持态度，那么不管是从预约合同的促进交易功能出发，还是从预约合同的订立目的出发，在应当缔约的效力中再增加一个磋商效力实为多此一举，因为结果殊途同归。对于以上质疑，对应当缔约说持支持的学者们提出了反驳，概括下来有以下几点：首先，从市场环境的角度讲，应当缔约说同必须磋商说相比，不仅能够平衡合同双方的利益，而且对双方也更加公平。例如在一项买卖预约合同中，买卖双方都不必再过度担心对方签订预约合同后货比三家而朝秦暮楚，其有效地固定了双方交易的机会，切实增强了市场主体的安全感，有助于当事人合法权益的保护和市场秩序的维护。诚实信用原则和公平原则同为合同法的基本原则，若本约合同未订立之前，当事人所依据的现实条件出现了重大变化，仍以预约合同内容要求双方订立本约将会对一方产生不公，则应免除其缔约义务，抑或允许其依客观情况与对方商议变更条款，从而实现双方公平。其次，采纳应当缔约说固然有最大限度地保证本约合同缔结之目的，但并不代表所有的预约合同都必须实现目的，司法实践中也很难做到，应当缔约说主要法律价值在于保护善意当事人，督

[1] 张艳玲、白帮武:《预约合同相关问题探讨》，载《山东社会科学》2005 年第 2 期；李冬:《预约合同制度要义与立法构建》，载《求索》2012 年第 9 期。

[2] 韩强:《论预约的效力与形态》，载《华东政法学院学报》2003 年第 1 期。

[3] 张艳玲、白帮武:《预约合同相关问题探讨》，载《山东社会科学》2005 年第 2 期；韩强:《论预约的效力与形态》，载《华东政法学院学报》2003 年第 1 期。

促双方真诚磋商直至本约合同成立，不可因本约最终未能缔结而反推应当缔约说无价值，重点是其有效维护了善意一方的权利。[1] 在预约合同的内容方面，尽管内容越简略本约合同未达成的风险会越高，但无论如何，这种风险是当事人在达成预约合意时就能够并应当预见的，如若双方当事人以预约合同为工具刻意寻求磋商期间，对本约能否达成并无所谓，最终一方要求对方订立本约的亦是他们愿担的风险，并不构成对任何一方的利益损害。[2] 再次，预约合同是当事人意思自治的产物，它基于对另一方的信赖而订立。当事人缔结预约合同后，这种信赖便成了与对方磋商后缔结本约的合理期待，法律应维护这种当事人因信赖而产生的期待利益。[3] 从某种层面上讲，签订了预约合同，可能会限制当事人日后获得更佳的交易机会，但在当时签订预约合同的时空环境下，对于当事人来说也是一次难觅的绝佳商业机会，无论之后出现何种情形，当事人都事先认诺且甘受风险，这便是诚实信用原则的体现。最后，在责任层面，应当缔约说具有更高的违约成本，不仅能督促市场主体更为审慎地缔结预约，有效避免恶意缔约引发信赖缺失和市场混乱，还能够保护善意方为订立本约付出的成本得到回报，加大对恶意订约方的制裁。更重要的是，该说能够避免预约合同形式化，简化司法程序，提高司法效率，实现社会资源的有效配置。[4]

当前，主张应当缔约说观点的学者占多数，并且基本认同某些例外情形，实际上也是对诚信磋商说的折中。如有学者总结道："针对预约合同应以诚信磋商为基础，缔结本约为原则，情势变更为例外综合确定其效力。如此不仅回避了善意磋商难以认定和衡量的弊端，而且通过情势变更缓解

---

[1] 史浩明、程俊：《论预约合同的法律效力及强制履行》，载《苏州大学学报（哲学社会科学版）》2013 年第 9 期。

[2] 耿利航：《预约合同效力与违约救济的实证考察与应然路径》，载《法学研究》2016 年第 5 期。

[3] 史浩明、程俊：《论预约合同的法律效力及强制履行》，载《苏州大学学报（哲学社会科学版）》2013 年第 9 期。

[4] 最高人民法院编写组编：《买卖合同司法解释适用解答》，人民法院出版社 2012 年版，第 17 页。

了应当缔约说过于绝对的情形，有效兼顾了诚实信用原则与公平原则。”[1]也有学者对缺乏本约必要条款的预约合同如何适用应当缔约说提出了具体解决途径，即根据最终未能缔结本约合同的原因区别对待，对于经过充分磋商无法达成一致，且双方均无过错的，当事人都不承担违约责任，归根结底磋商失败是当事人在缔结预约合同时未能预见或考虑欠周所导致的。而对于因一方过错造成的本约缔结不成（如擅自改变合意条款或无正当原因拒不签订本约合同的），当事人有承担对应的强制缔约义务。[2]此外，《买卖合同解释》编写小组认为《商品房买卖合同解释》第 4 条的规定[3]也印证了预约合同应当缔约的效力，因为合同中定金条款的担保对象为另一个合同（本约合同）的成立，当事人是否进行磋商与定金罚则的适用无关。[4]

值得注意的是，还有学者认为诚信磋商说和应当缔约说并无明显界限，诚信磋商说主张善意且真诚的磋商义务，应当缔约说的例外情形说明其对当事人的要求也没有比诚信磋商说的义务要求更高，只不过前者注重过程，后者注重结果实现而已。[5]

## 第三节　效力区分说（内容区分说、内容决定说）

诚信磋商说注重对契约自由精神的保护，但可能导致预约合同形式化；应当缔约说注重诚实信用原则和预约合同制度价值的实现，但可能会严重干预当事人的意思自治。在市场交易的过程中，最佳的状态是平衡诚信磋

[1] 李冬：《预约合同制度要义与立法构建》，载《求索》2012 年第 9 期。

[2] 张艳玲、白帮武：《预约合同相关问题探讨》，载《山东社会科学》2005 年第 2 期。

[3]《商品房买卖合同解释》第 4 条规定，出卖人通过认购、订购、预订等方式向买受人收受定金作为订立商品房买卖合同担保的，如果因当事人一方原因未能订立商品房买卖合同，应当按照法律关于定金的规定处理；因不可归责于当事人双方的事由，导致商品房买卖合同未能成立的，出卖人应当将定金返还买受人。

[4] 最高人民法院民事审判第二庭编著：《最高人民法院关于买卖合同司法解释理解与适用》，人民法院出版社 2016 年版，第 58 页。

[5] 陆青：《〈买卖合同司法解释〉第 2 条评析》，载《法学家》2013 年第 3 期。

商说和应当缔约说的关系，既使当事人意思自治实现最大化，也能够最大限度保障诚信原则和本约合同缔结。因此，有学者基于两种学说各自的优点和不足，提出了效力区分说，试图以扬长避短的方式解决预约合同的效力问题。

效力区分说亦被称为折中说或内容决定说，详言之，预约合同的效力采诚信磋商说还是应当缔约说有其客观基础，应考察预约合同的内容完备程度。若合同不具备本约成立的必要条款，表明当事人未就本约达成共识且有进一步磋商之意，采诚信磋商说；若合同已就本约所有必要条款达成一致，采应当缔约说。[1] 有学者补充到，效力区分说的理论依据在于对预约内容所产生的信赖程度。内容是预约合同最直观的表现，合同外观越具有可履行性，当事人的信赖程度和所投入信赖成本就越高。一项具备本约合同必要条款的预约合同，其信赖程度肯定要强于不具备本约合同必要条款的预约合同，此时，合同本身因信赖程度的增强而发生妥协甚至改变，只有应当缔约说才能保护这份信赖利益。反之，不具备本约主要条款抑或内容相对简略的预约合同，当事人之间的信赖程度较低，采诚信磋商说即已足够。[2] 另外，有学者以合同内容从简到详的程度，将预约合同予以类型化为简单、典型和完整三个等级，并提出对应的操作标准。以买卖合同为例，简单类预约仅包含当事人、标的和数量；典型类预约除简单类预约的三个要素之外，还包括价格条款；而完整类预约则涵盖本约合同的所有条款。各个等级预约的效力不尽相同，简单和典型类预约的效力为诚信磋商，而完整类预约的效力为应当缔约。至于诚信磋商的效力，判断当事人是否尽到了公平、诚信磋商的义务，该学者认为若在磋商阶段，当事人故意隐瞒事实、无故拖延磋商、进行与磋商相悖的行为、对已达成合意的条款无故进行更改等都是对诚信磋商的违背。对于预约中的未决条款，若因

---

[1] 韩强:《论预约的效力与形态》，载《华东政法学院学报》2003 年第 1 期。

[2] 王建通、杨国峰:《预约合同的效力及判定——以商品房买卖预约合同为例》，载《浙江学刊》2011 年第 1 期。

客观事实无法达成一致，当事人免责；若因主观原因无法达成一致，则以合同内容对号三个等级来处理。[1]

对于效力区分说，学界的反对意见主要有两个。第一，效力区分说试图以预约合同内容是否具备本约合同的必要条款来对号入座诚信磋商说和应当缔约说，缺乏司法实务可操作性。合同内容决定合同性质，不同性质的合同内容又大相径庭，究竟怎样才算具备本约的主要条款，怎样才算内容相当简略，不能一概而论，法律也不可能面面俱到，合同的主要条款本身就具有开放性，[2] 最终只能由法官定夺，如此容易导致恣意性。即便为同一性质的合同，对主要条款的理解，司法实务也很难趋于统一。第二，效力区分说利用合同的内容去探求当事人诚信磋商或应当缔约的本意，以期尊重当事人的意思自治，使契约自由发挥最大价值，固然有其法理依据，但极易导致司法实践的混乱，如果双方订立预约合同仅仅是要保障将来的磋商，那么这种所谓的“预约合同”与司法解释所指的预约合同相去甚远，纵名为预约也实非预约。[3] 于预约而言，成功订立本约合同才是其目的，磋商只能成为一个阶段，而非最终归宿。[4]

由此可见，效力区分说是在分析诚信磋商说和应当缔约说的利弊上发展起来的，其根据预约合同内容的详尽程度划分预约合同所应具备的效力，虽然在某种程度上调和了意思自治原则和诚实守信原则，但仍然没有回答诚信磋商说和应当缔约说的根本性问题（仅有磋商效力的预约是否为预约和应当缔约是否违背契约自由），并且，其不彻底性亦受到诚信磋商说和应当缔约说支持者的质疑。

[1] 刘承韪：《预约合同层次论》，载《法学论坛》2013 年第 6 期。

[2] 陆青：《〈买卖合同司法解释〉第 2 条评析》，载《法学家》2013 年第 3 期。

[3] 史浩明、程俊：《论预约合同的法律效力及强制履行》，载《苏州大学学报（哲学社会科学版）》2013 年第 9 期。

[4] 最高人民法院民事审判第二庭编著：《最高人民法院关于买卖合同司法解释理解与适用》，人民法院出版社 2016 年版，第 58 页。

## 第四节　预约合同效力的应然之路

### 一、学说评析和本书观点

通过对预约合同效力争论的梳理可以发现，诚信磋商说、应当缔约说和效力区分说三种学说不同的根本原因是各自价值立场的不同。诚信磋商说注重对契约自由精神的保护，应当缔约说注重诚实信用原则，效力区分说试图通过区分对待折中诚信磋商说和应当缔约说。事实上，预约合同应然具备怎样的效力，应当对预约合同的特性、价值和客观情形综合分析，而不能仅片面地进行价值排位。

就诚信磋商说而言，其支持者最强有力的论据在于司法实践中经常出现以下类似情形：（1）当事人相当清楚经过磋商后未必能订立本约合同，但是又不希望自己在缔约磋商阶段的付出付诸东流，从而订立预约合同，以避免本约合同不能订立所遭受的损失；（2）缔约过失责任制度下缔约方对违背诚实信用原则的举证难度较高，通过订立预约合同方式不仅能促使缔约方更加谨慎，而且能有利于保障守信方利益；[1]（3）当事人唯恐未决事项磋商不成，但又害怕订立本约合同而承担责任，特订立预约合同，抱着本约合同能成立最好，不成立也罢的无谓态度，利用预约合同将双方当事人"拴在一起"进行磋商。因此，可以说当事人订立预约合同的目的不外乎有两种，一种为传统意义上的保障本约合同的成功订立，而另一种则为借预约合同之名，达到除订立本约合同之外的目的。换言之，当事人签订预约合同本来就是一种延后本约效力、规避本约责任、避免缔约损失和方便举证的手段，这里的意义要大于订立本约合同本身，效力仅为磋商恰到好处。该观点确有一定的道理，但应当看到，预约合同除保障订立本约合

[1] 李开国、张铣：《论预约的效力及其违约责任》，载《河南省政法管理干部学院学报》2011年第4期。

同之外的诸多功能，只是预约合同法律效力的表现，并不能通过这些功能反推预约合同的效力，更不能因此就认为磋商是预约当事人缔约时的唯一目的。预约合同与本约合同具有牵连性，两者是手段与目的的关系，预约合同的目的只有是缔结本约合同才有所谓的预约合同和本约合同之分，如果缔结预约合同目的仅为磋商，则此时所谓的“预约”实际上仅是一份意向书而已。另外，虽然诚信磋商说以契约自由为理论基础，强调本约合同的成立与否应完全取决于当事人自己的意愿，但其面临的最大问题是如果当事人仅进行磋商就被视为履行了预约合同的义务，而对本约合同的缔结在所不问，那么一个没了缔结本约合同义务的预约合同还是真正的预约合同吗？这种观点实质上与前文所述的意向书和原则同意性协议无异。诚信磋商说在必须磋商说的基础上进行修正，在完全崇尚契约自由原则的基础上加入了诚实信用元素，但诚实、善意磋商是一种理想状态，实务中无法完全避免磋商流于形式。何为诚实、善意的磋商，诚信磋商说并没有给出具体的标准，这里的磋商义务因空洞而缺乏可操作性。至于诚信磋商说更倾向于买方利益的说法则值得商榷，如果预约合同效力为诚信磋商，那么买家与第二方订立合同的行为本身就是对诚实磋商的违背。并且，买家可以随心所欲地与多数卖家签订预约合同，卖家也可以签订一物多卖的预约合同，这里并无倾向于哪一方当事人利益的情况。

就应当缔约说而言，其避免了诚信磋商效力下的预约合同形式化等问题，但面临的最大问题是如果预约当事人最终磋商不成，且任何一方均无过错，对未决条款予以强加或强制缔约可能会违背当事人的意愿。[1] 难免会陷入以一个基于契约自由的产物去限制契约自由的逻辑怪圈。另外，有论者认为该说与诚信磋商说并无实质差异，理由为从应当缔约说的例外情形可知，其要求的义务也并没有比诚信磋商义务多多少，只不过该说倾向结果描述，诚信磋商说倾向过程描述罢了。[2] 但应当看到的是，预约合同

---

[1] 最高人民法院编写组编：《买卖合同司法解释适用解答》，人民法院出版社 2012 年版，第 16—17 页。

[2] 陆青：《〈买卖合同司法解释〉第 2 条评析》，载《法学家》2013 年第 3 期。

的效力是预约当事人承担责任方式的前提和基础，诚信磋商说和应当缔约说的主张各不相同，在司法适用中产生的责任和结果也大相径庭，[1] 预约当事人义务是预约合同效力的表现，不应将义务的重合混淆为合同效力的等值。

相对于诚信磋商说和应当缔约说，效力区分说以合同内容是否具备本约合同的必要条款为标准，将其分而治之，不但避免了诚信磋商说和应当缔约说的效力极端性，而且对问题的处理路径更为全面和恰当。但面临的问题是该说的理论自洽性不足，有待补充和修正。前文有观点认为，效力区分说的理论依据来自预约合同所存在的本约合同必要条款而对其产生的信赖程度差异，具备本约合同必要条款的预约合同所产生的信赖一定比缺乏本约合同必要条款的预约合同要高，那么合同情形也随之变化，只有应当缔约说才能恰当保护这种信赖利益。反之，采用诚信磋商说效力恰到好处。[2] 的确，一般而言预约合同内容越详细，信赖程度越高。然而在司法实践中很多预约合同并不完全具备本约的必要条款，当事人之间的信赖程度不亚于完全具备本约必要条款的预约合同，如此进行机械切割，将所谓的信赖程度作为区分预约效力的根据，可能违背当事人的意愿。另外，关于效力区分说的阐释不禁使人产生疑问，若预约合同具备本约合同的所有必要条款（完整预约），那么此时的合同大多已为本约合同，并不在预约合同效力的讨论范畴。最后，该学说对预约合同分而治之，但对诚信磋商说与应当缔约说自身存在的学理问题仍未给予解释。

需要补充的是，在视为本约说中，有学者引用台湾地区学者林诚二先生的论述（如果预约实际上已具备本约之要点而无需订立本约者，应视为

---

[1] 耿利航：《预约合同效力与违约救济的实证考察与应然路径》，载《法学研究》2016 年第 5 期。

[2] 王建通、杨国峰：《预约合同的效力及判定——以商品房买卖预约合同为例》，载《浙江学刊》2011 年第 1 期。

本约合同）作为该说的依据。[1] 笔者对此认为值得商榷，在一个预约合同中，如果目的合同（本约合同）要素已全部达成合意，据此当事人均可履行义务并实现缔约目的，而无需另外订立合同，纵然名称预约合同，亦应认定为本约合同。[2] 我国台湾地区也有相关的裁判认为：预约系约定将来订立契约（本约）之契约。倘将来系依所订之契约履行而无需订立本约者，纵名为预约，仍非预约。诚然，预约内容完备而无需订立本约，其本身就为本约合同，而无需将其视为本约，它不是对本约和预约一个合同的认可，也不是预约与本约之间的转换，更不是法律拟制，将其归为视为本约说，事实上是曲解了林诚二先生的本意。

事实上，适用效力区分说，是预约合同的特性、价值和客观情况所决定的。市场主体订立预约合同的最终目的为缔结本约，本约合同成立时预约合同当即终止。从时间维度上看，预约合同与本约合同紧密衔接，并总是存在于本约合同成立之前。若合同完全具备本约的必要条款，合同将产生具体的本约债权债务关系，属性实为本约合同，除非当事人合意合同性质仍为预约合同、本约合同需要特定物的交付或特定形式的满足才能成立的情形发生。基于此，可将预约合同分为具备本约合同所有必要条款和不具备本约合同所有必要条款两类，对于具备本约合同所有必要条款的预约合同，由于本约合同的成立并非条款欠缺所致，无论是在预约还是本约阶段，当事人都受这些条款的约束，要求其缔约实无强制或代替意思之意，应当具有缔约效力，实现预约合同自身价值。[3] 至于未进行磋商或未磋商一致的其他条款（非必要条款），当事人可进行协商，协商不成的，可按《民

[1] 最高人民法院民事审判第二庭编著：《最高人民法院关于买卖合同司法解释理解与适用》，人民法院出版社 2016 年版，第 58 页；林诚二：《民法债编各论》（上），中国人民大学出版社 2003 年版，第 23 页。

[2] 梁慧星：《预约合同解释规则——买卖合同解释（法释〔2012〕8 号）第 2 条解读》，载中国法学网，http://www.iolaw.org.cn/showArticle.aspx?id=3462，最后访问时间 2017 年 12 月 30 日。

[3] 需要说明的是，对于不可归责于预约合同当事人的客观原因导致本约合同无法成立的（如需要交付的特定物灭失），可免除当事人签订本约合同的义务，这并不影响预约合同的应然效力。

法典》第510条和第511条进行补充。对于不具备本约合同所有必要条款的预约合同，由于必要条款是成立本约合同的前提条件，当事人需要对所有必要条款达成一致，因此，预约合同框架下当事人为达到缔约目的，对必要条款负有诚信磋商的义务。如果当事人尽到了该义务仍无法对所有必要条款协商一致，则不应强制当事人订立本约合同，此时强制缔约不仅有违意思自治，而且对必要条款的补充也缺少法律依据，如买卖合同的价款条款若作为预约合同的磋商对象，法院无法对其进行补充。[1] 至于预约合同此时仅具有诚信磋商效力与意向书无异的疑问，可通过文本考察予以界定，若文本具备预约合同的全部必要条款，则为预约合同，反之则为意向书。而对于诚信磋商效力产生的诚信磋商义务，预约当事人应照顾对方利益、保护合理信赖，在磋商中尽到应有的善意。不得提供虚假情况或者故意隐瞒与订立合同相关的事实、不得无故拖延不参加磋商、不得与第三人进行与预约合同相冲突的磋商、不得在未经对方允许的情况下随意变更条款、不得利用预约合同与对方当事人磋商，从而使其丧失与第三人进行交易的机会等违背诚实信用原则的情况发生。[2] 最后需要补充的是，预约合同具有前契约性和一定的保证功能，其效力不宜始终具有，应加以除斥期间倒促当事人积极行使权利，其间可借鉴《奥地利普通民法典》的规定，[3] 在预约合同生效之日起一年内，当事人未有请求对方履行预约合同义务的，权利消灭。

---

[1] 在此情形下，无法适用《民法典》第510条和第511条对合同条款进行补充，因为该规定为本约合同成立后（待商）条款的争端解决方法，而非处于本约合同成立之前的未决条款的解释依据。

[2] 刘承韪:《预约合同层次论》，载《法学论坛》2013年第6期。

[3]《奥地利普通民法典》第936条规定，约定将来订立一定契约者，应就将来契约的订立时间和必要之点达成合意，预约订立后，本约订立前，如因情势变更，致明示规定的目的或者依照情势可推知的目的落空，或者一方对他方丧失信赖时，其约定失其约束力。所约定的将来契约，通常应在作出约定后一年内订立，逾此期限者，请求订立契约的权利消灭。《奥地利普通民法典》，戴永盛译，中国政法大学出版社2016年版，第179页。

**表 1　不同类别（形式）预约合同的效力归属**

<table>
<tr><th></th><th>类别</th><th>具体形式</th><th>效力</th></tr>
<tr><td rowspan="5">预约合同</td><td rowspan="3">具备本约合同所有必要条款</td><td>当事人合意合同性质仍为预约合同</td><td rowspan="3">应当缔约说</td></tr>
<tr><td>本约为要式合同，需要特定形式才能成立</td></tr>
<tr><td>本约为实践合同，需要物之交付才能成立</td></tr>
<tr><td rowspan="2">不具备本约合同所有必要条款</td><td>缺乏本约合同的某个或某些必要条款</td><td rowspan="2">诚信磋商说</td></tr>
<tr><td>形式上已具备本约合同的所有必要条款，但由于双方协商将本约合同的非必要条款作为必要条款</td></tr>
</table>

## 二、阻却预约合同效力实现之因素考量

“严循契约”是民法的古老准则，其倡导当事人对业已成立的契约予以严格遵守并积极履行。该准则不仅能够保护双方当事人的信赖利益，而且对市场秩序的稳定和健康发展具有重要意义。[1] 预约合同作为一种特殊类型合同，订立之后当事人应当负有遵守和积极履行合同的义务。然而，在司法实践中，市场交易往往受各方面因素的影响，如果一味强调恪守严守契约原则，则可能导致合同目的落空或造成当事人之间显失公平。因此，若履行义务所依赖的客观情形发生重大变化，由于不可归责于当事人的原因致使预约合同无法履行时，能否基于公平原则和诚信原则来阻却预约合同效力的发生，值得探讨。

不可抗力（Force Majeure）为合同解除的法定因素，实为合同的预约之效力也应受到不可抗力因素的影响。概言之，当预约合同成立后且非因当事人的过错，发生了当事人不能预见、不能避免并不能克服的客观情况，致使本约合同无法订立的，此时的预约合同已经失去意义，任何一方当事人均有解除预约合同和终结预约合同效力的权利。但是，由于不可抗力多

[1] 王洪亮:《债法总论》，北京大学出版社 2016 年版，第 335 页。

适用于预约合同义务无法继续履行的情形，对于当事人能够继续履行合同义务但会造成明显违背公平原则的情形却无法顾及，此时，情势变更原则能否适用于预约合同就成为了解决该问题的关键。

从合同成立至终结之前，倘若发生了当事人在订立合同时无法预见的、非不可抗力造成的不属于商业风险的客观重大变化，此时若坚持继续履行合同，将会导致当事人的利益严重失衡，造成明显不公平的结果。情势变更原则赋予了当事人请求变更或者解除合同的权利，其价值在于平衡当事人之间的权利义务，实现实质上的公平。预约合同的期限性和谈判磋商的多变性决定了客观情形发生重大变化的高度盖然性，在域外司法实践和理论中，德国和我国台湾地区相关规定已认可情势变更原则（de clauseula rebus sic stantibus）在预约合同中的适用。[1] 我国也有学者主张，在缔结本约合同会导致双方利益严重失衡，抑或违背双方缔约的真实意图时，应当允许当事人撤销预约合同。[2] 此外，《买卖合同解释理解与适用》编写小组也补充道："在缔结本约前，如果某些条件发生重大变化，仍然要求当事人按预约内容订立本约合同明显有违诚实信用和公平原则的，则应排除双方缔结本约合同之义务，以平衡双方当事人的利益。"[3]

事实上，情势变更的法理基础与预约合同的效力根据具有同一性，两者都有公平原则和诚实信用原则的基础，更重要的是，情势变更的适用符合预约合同制度的理论价值基础，两者并不排斥。但需要强调的是，情势变更在阻却预约合同效力的实现上，应同时具备以下若干条件：其一，时间条件，变更所依据的客观情形应发生在预约合同成立至本约合同订立期间。倘若发生在订立预约合同之前，无论当事人在订立合同时是否认知，

[1] Münchener Kommentar/Kramer，2001，Vor §145，Rn48. 转引自汤文平：《德国预约制度研究》，载《北方法学》2012 年第 1 期；参见史尚宽：《债法总论》，自刊 1990 年版，第 13 页；孙森焱：《民法债编总论》（上），自刊 2008 年版，第 46 页；吴从周：《论预约：探寻德国法之发展并综合分析台湾“最高法院”相关判决》，载《台大法学论丛》（第 42 卷特刊）2013 年第 11 期。

[2] 王利明：《合同法研究》（第一卷），中国人民大学出版社 2011 年版，第 40 页。

[3] 最高人民法院民事审判第二庭编著：《最高人民法院关于买卖合同司法解释理解与适用》，人民法院出版社 2016 年版，第 58 页。

情势作为合同成立的基础业已确定，以后便无所谓变更。倘若在订立本约合同之后发生，那么预约合同的法律关系即已终止，情势变更原则的适用也只能基于本约合同请求。其二，主观条件，具有不可预见性。如若当事人认为情况变化可能发生，仍以此订立预约合同，表明双方已经考虑该因素且愿意承担该风险，自不应适用情势变更原则。其三，客观条件，有作为缔结预约合同基础的环境发生重大变更，且这种变更属于非不可抗力造成的非商业风险。一般性的变化不足以引起情势变更原则的适用，必须是交易基础发生重大之变化，以至于要求当事人一方遵守预约合同缺乏期待可能性。[1] 其四，因果条件，情势变更的发生不可归责于预约当事人。如若双方或一方当事人对风险的发生存在过错，则不适用情势变更原则。其五，结果条件，继续履行预约合同会显失公平。显失公平是情势变更的核心要件，只有订立本约合同会致使当事人双方利益严重失衡，即导致一方明显受损同时另一方明显得利时才可适用；倘若影响轻微且不显著，则无法适用。其六，程序条件，必须由预约当事人向人民法院或仲裁机构申请予以适用。

[1] 王洪亮：《债法总论》，北京大学出版社 2016 年版，第 339 页。

第四章

# 责任论：违背预约合同之救济

法律责任的承担是法律效力的具体体现，合同一旦生效以后，将在当事人之间产生法律约束力，当事人应当按照合同的约定全面严格地履行合同义务，任何一方当事人因违反有效合同所约定的义务均应承担违约责任，可以说违约责任是违反有效合同所约定的义务的后果，是保护当事人合法权利的重要手段。预约作为一种特殊的合同，具有一般合同的属性，当事人如果违背预约合同义务，应当承担相应的违约责任。虽然《民法典》第495条第2款对此予以明确，但是，对于一般合同的违约责任形式，能否完全适用抑或怎样适用在预约合同中却未置可否，此问题将造成司法裁判无法可依。

## 第一节　违背预约合同的责任范畴

以一项内容含有合同的交易时间为主线，可将所涉合同的义务分为先合同义务、合同本体义务及后合同义务。其中，违背先合同义务将可能导致对缔约过失责任制度的违背，从而承担缔约过失责任（法律责任），而违背合同本体义务和后合同义务是对当事人合意的违背，违约人承担的是违约责任。预约合同的特殊性决定了其违约责任既属于合同本体义务也位于本约合同的先合同义务责任区间，这便与本约合同的缔约过失责任发生重合。预约合同具有怎样的效力是预约合同违约责任的前置性问题，但无论预约合同的效力如何，都无法完全确保本约合同的订立，并且当事人在本约合同缔结前都应对未决条款进行诚信磋商。由此不禁使人产生疑问，在（本约）合同的订立过程中，当事人基于缔约过失责任制度而负有诚信缔约的先合同义务，先合同义务同样有督促当事人签订合同之功能，也无法完全确保合同订立，与预约合同效力所产生的义务及效果十分相似，那么违反预约合同的违约责任与本约合同的缔约过失责任之间到底属于什么关系？如果预约合同制度和缔约过失责任制度都有诚信及公平原则基础，预约合同的违约责任是否可以由缔约过失责任替代？以上成了讨论违反预约合同的违约责任的基本问题。对于该问题的回应，学界形成了两种对立的观点，即违约责任说和缔约过失责任说。前者强调预约作为独立的合同，倘若当事人违反合同义务，应以合同违约责任论处。[1]后者宣称预约虽为合同，但其产生于本约的磋商阶段，违反预约合同导致本约合同无法成立的，其责任虽有违约的外形，但仍属缔约过失责任的范畴。[2]

在私法兴盛的罗马法时代，为保障交易参与人的合法权益，人们逐渐开始关注缔结契约的前行为，并试图对此加以规制，但遗憾的是，罗马法始终未对其形成系统性规制，少许的规定零散在法律当中，也未阐明该行为的法律概念。后来商品经济越发兴盛，涌现了很多缔约过失行为，学界对此研究也增多起来。1861 年德国法学家耶林（Rudolph von Jhering）在《耶林法学年报》发表文章《缔约过失、契约无效与未臻完全时的损害赔偿》，提到缔结契约是由契约交易之外到契约正式交易的过程，缔结契约人

[1] 王利明：《违约责任论》，中国政法大学出版社 2000 年版，第 713 页。

[2] 尤冰宁：《商品房认购合同的性质和效力》，载肖伟、博远平主编：《合同法案例精解》，厦门大学出版社 2004 年版，第 379 页。

义务也因此由消极义务转至积极义务的范畴，在整个过程中，缔结契约人应尽可能地注意其缔约时所需承担的首要义务。除业已存在的契约关系之外，法律也应保护正在形成中的契约关系。如果缺乏法律的保护，契约交易就会暴露在外，那么作为缔约一方的当事人将很容易因此成为对方没有注意或疏忽行为的牺牲品。诚然，对缔约者而言，在与对方缔约时务必应注意，若契约无法成立是自我过失所导致，对于相信此契约能够成立的对方应予以赔偿因这种信赖所形成的损害。[1] 该文首次系统阐述了缔约过失责任理论（culpa in contrahendo），被誉为"法学上的发现"，其对罗马法作扩张解释，承认信赖利益在合同订立时的广泛存在，主张在合同没有成立或无效的情形下，对于当事人所受损害的赔偿应纳入债法的争端解决范畴，不该基于不当得利或是侵权法，推翻实证契约法所谓无合同便无责任的定论，从而为契约责任外延性奠定了基础。

耶林提出的缔约过失理论被学界广泛认可，并在德国、意大利、葡萄牙、希腊等大陆法系国家的民法典或债法体系中被逐渐采纳。[2] 我国由《合同法》第 42 条和第 43 条的确立到《民法典》第 500 条和第 501 条的延续，明确了缔约过失责任制度在我国合同法律体系中的适用。根据合同是否成立，产生缔约过失责任的根据可分为两类，一类为合同业已成立，但因当事人违背诚信原则，导致合同无效或予以撤销；另一类为缔约人违反诚信原则，导致合同无法订立。诚然，诚实信用原则是缔约过失责任制度的法理基础和核心要素，违背诚实信用原则为承担缔约过失责任的前提条件。可以说，缔约过失责任制度使得诚信缔约人请求对方赔偿其因信赖产生的损害有了法律依据，将诚实信用原则具体化和应用化。

诚实信用原则是先合同义务的应有属性，其包括诚信的磋商义务，也正因为该种义务的存在，使得缔约过失制度和预约合同制度存在相似性。在缔约过失理论中，双方当事人若有定约意向，为了规避损害风险，通常就缔约可能产生的风险及所指向的标的物进行特别说明，在无特殊情况下

[1] 王泽鉴：《民法学说与判例研究》（第一册），中国政法大学出版社 2000 年版，第 96 页。

[2] 王洪亮：《债法总论》，北京大学出版社 2016 年版，第 66—69 页。

不得无故中止磋商。[1]并且，如果将缔约视为一个连续不断直至合同缔结为止的过程，则会发现预约合同和缔约过失责任都处于（本约）合同形成的阶段，两者均具有督促诚信磋商的继续及（本约）合同缔结之功能。[2]但是，两种制度的相似性并不能作为将预约合同违约责任划归于缔约过失责任范畴的依据。如果按照缔约过失说的观点，由于预约合同的违约责任与缔约过失责任竞合而将两者混同，实质上是对预约的合同属性及当事人意思自治的根本否定。诚如学者陆青所言，预约合同之所以被市场主体广泛应用，某种程度上恰恰是因为其具有缔约过失责任制度所不具备的特殊优势，[3]预约合同通过合同的方式约束当事人，使得责任属性由缔约过失责任变成合同责任，不仅给予缔约更多的确定性，而且使得赔偿范围的确定性、证明责任和救济的主动性等方面都有了明显提升，特别是在继续履行、约定违约金赔偿等方面都是缔约过失责任制度所无法给予的。预约合同制度的建立以其作为独立合同为基础，它的责任要件、担责方式、责任类型与传统合同并无二致，[4]与缔约过失责任存在诸多本质区别，如表2所示。

**表2 预约合同违约责任与缔约过失责任的区别**

| 类目<br>区别 | 预约合同违约责任[5] | 缔约过失责任 |
|---|---|---|
| 产生依据和基础不同 | 产生的基础为预约合同关系（当事人之间的约定）；依据为义务人违背诚信磋商并最终订立本约合同的义务 | 依据为缔约一方当事人违背以诚实信用原则所应负的相互协力、通知、说明、忠实、照顾等先合同义务；前提是合同未成立、无效或被撤销，致使对方信赖利益损失 |

[1] [德]迪特尔·梅迪库斯：《德国债法总论》，杜景林、卢谌译，法律出版社2004年版，第42—347页。

[2] 王洪亮：《债法总论》，北京大学出版社2016年版，第82页。

[3] 陆青：《〈买卖合同司法解释〉第2条评析》，载《法学家》2013年第3期。

[4] 唐晓晴：《预约合同法律制度研究》，澳门大学法学院2004年版，第138页。

[5] 需要指出的是，预约合同的违约责任也具有一定的法定性，如它规定了定金罚则及约定的违约金不得过分高于实际损失赔偿额等。但预约合同违约责任的性质更多体现在约定性上。李东：《预约合同制度要义与立法构建》，载《求索》2009年第9期；王利明：《合同法研究》（第一卷），中国政法大学出版社2002年版，第337—338页。

续表

| 类目<br>区别 | 预约合同违约责任[5] | 缔约过失责任 |
|---|---|---|
| 责任产生时间不同 | 在预约合同成立且生效以后 | 在缔结合同过程中，包括合同成立阶段 |
| 责任性质不同 | 是对合同的违反，当事人所承担的责任为违约责任；责任具有约定性，当事人可以在预约合同中约定违约责任的形式，违约金及赔偿数额、计算办法等 | 责任具有法定性，基于法律的直接规定；责任形式由法律规定，当事人不能任意选择 |
| 归责原则和举证责任不同 | 无过错责任原则，除了法定或约定的免责事由，当事人对违约责任的承担，不以主观上有无过错或过错大小为由；对于守约一方当事人而言，仅需证明对方当事人存在违约事实即可 | 过错责任原则，当事人在订立合同过程中因合同未成立、无效或被撤销，致使对方信赖利益受损，应以缔约人的过错作为确定责任要件及范围的依据；当事人不仅要证明对方有违反先合同义务的行为及过错，而且要证明对方的过错行为与信赖利益损失之间存在因果关系 |
| 责任承担方式不同 | 不限于损害赔偿范围，守约方可请求违约方支付违约金、赔偿损失、双倍返还定金、继续履行等 | 单一的损害赔偿责任 |
| 制度设定目的和保护的利益不同 | 责任具有事前主动性和预防性，目的是促使当事人达成本约合同，促进交易稳定进行；保护预约当事人的期待利益，但限于订立本约合同的期待，而非直接实现本约合同的权利义务 | 责任具有事后被动性和补救性，目的是解决在没有合同关系情况下因一方当事人过错而造成另一方当事人信赖利益损失的问题；有督促诚信缔结合同之意，保护当事人的信赖利益 |

综上，预约合同违约责任不能片面划归于缔约过失责任的范畴，应依违约责任说以完全合同责任看待之，由于预约合同具备保护信赖利益的功

能，可以说违约责任包含对信赖利益的保护，却不限于保护信赖利益的范围。那么在预约合同订立过程中，是否存在缔约过失责任？有观点认为，预约作为合同，其签订过程中当然会出现缔约过失责任。也有观点提出，预约合同处于本约合同成立之前，如果在缔结预约合同时出现缔约过失的行为，完全可以将其纳入本约合同的缔约过失责任进行统一解决，实在没有必要以一个未形成的为订立合同的合同（预约合同）的形式再去追究其缔约过失责任。对此应当看到的是，预约合同虽然处于本约合同成立之前，但当事人订立预约合同也会有自身的磋商洽谈阶段，因为预约也是当事人之间合意的结果。另外，虽然预约合同及其缔约都在本约合同的缔约阶段，但预约合同的缔结并不必然保证本约合同成立，预约为独立的合同，当事人在缔约时也应遵守先合同义务，本约合同会发生缔约过失责任的场合，预约合同也可能发生。毋庸置疑，预约合同的违约责任属于合同责任，其不可以被缔约过失责任所替代，当事人如果选择以缔约过失责任而不是预约合同违约责任作为诉的标的以期追究对方责任，当然应以缔约过失责任规则进行裁判。

## 第二节　预约合同的违约救济

合同的违约责任包括继续履行、赔偿损失、支付违约金、定金罚则等方式。预约合同作为合同的一种类型，理应适用违约责任的一般承担方式。但是，由于预约合同自身的特殊性，在适用某些担责方式上会产生诸多问题。

### 一、继续履行问题

预约合同义务方不履行磋商义务，对方当事人有请求其继续履行的权利，其是预约合同效力的体现，也符合我国《民法典》第577条的规定。那么如果当事人最终拒绝签订本约合同，是否应当支持守约方要求对方与自己强制缔结本约合同的请求，学界对此争论不一。

1. 理论的纷争

持否定说观点的学者主要基于以下理由：其一，违背缔约自由和意思自治原则。强制缔结合同是对缔约自由原则的根本违背，并且本约合同的缔结通常会有未决条款需要补足，当事人磋商不成，法院却越俎代庖强制表意，无异于代替当事人作出意思表示，势必会侵犯当事人的意思自治。[1]其二，不具备适用条件。实际履行具有严格的适用条件，并非所有合同都能够适用。按照《民法典》第580条的规定，当合同的债务标的不适于实际履行或履行费用过高时，不得强制当事人实际履行（强制缔约）。与以金钱或标的物给付行为作为标的的合同不同，预约合同的标的为订立本约合同的行为，其并不属于实际履行的范畴，[2]依据强制执行理论，当事人向人民法院申请强制执行的，须有具体的给付内容（包括物和行为），意志给付则排除在外。另外在执行方法上，无论直接强制、间接强制还是行为及不行为的强制执行、代替执行，对预约合同均无适用的基础。因此，从事实和法律上讲，都无法强制违约方作出与守约方订立合同的行为。其三，与现代民法精神不符。合同法规则虽明确了非金钱债务实际履行的责任，但同时作出了诸多限制，法律之所以加以限制，价值在于保护民事主体的人格和尊严不受侵犯。从最初的身体惩罚到后来的人身强制，再到以财产责任尽可能替代人身责任，现代私法无不昭示着对市场参与主体的尊重，可以说是人类步入文明、脱离蛮夷的体现。只有在金钱赔偿无法弥补守约方损失，显失公平依然明显的情势下，强制缔约才有适用的必要。由司法人员直接强制当事人进行磋商谈判并缔结本约合同，有悖于现代民法精神。[3]

---

[1] 史浩明、程俊：《论预约合同的法律效力及强制履行》，载《苏州大学学报（哲学社会科学版）》2013年第9期。

[2] 宋晓明、张勇健、王闯：《〈关于审理买卖合同纠纷案件适用法律问题的解释〉的理解和适用》，载《人民司法》2012年第8期。

[3] 李开国、张铣：《论预约的效力及其违约责任》，载《河南省政法管理干部学院学报》2011年第4期。

总之，不能因当事人不履行预约合同义务而强制其磋商或缔约，预约合同违约救济通过定金罚则、违约金及赔偿损失等方式，完全可以弥补当事人的损失，没有强制履行的必要。[1]

相对于否定说，肯定说学者则强调对合同义务的遵守。如王利明教授认为预约作为合同，如果义务方不履行缔结本约合同之义务，权利方当然有向法院请求其强制履行预约合同义务的权利。[2] 另外王泽鉴、史尚宽先生也认为，预约合同债务人负有订立本约合同的义务，权利人得诉请其履行，法院应命债务人为订立本约合同的意思表示，债务人不为意思表示者，应视同自判决确定时已为意思表示。[3] 对否定说有以下反驳理由：首先，强制缔约并无违背合同自由原则之据。就法理而言，预约违约可强制履行，不但没有违背合同自由，反而消弭了预约合同的外部障碍，为达到合同自由供应了理性基础。[4] 在一项预约合同中，若义务方拒绝订立本约合同，权利方请求其订立体现了预约合同价值和概念的内在必然性（begriffsnotwending）。[5] 双方当事人基于对未来交易的期待和真实意思缔结预约合同，除非合同无效，权利方主张对方履行原先订立本约合同的义务，正是对原有意思自治的尊重。[6] 其次，预约违约强制缔约具有可行性。根据我国《民法典》合同编的相关规定，除法律或事实上的不能，合同债权方有向对方（债务人）请求履行合同的权利，预约合同中所指向的债务为

[1] 刘俊臣：《合同预约若干法律问题初探》，载《法律适用》2002 年第 4 期；梁慧星：《预约合同解释规则——买卖合同解释第 2 条解读》，载中国法学网，http://www.iolaw.org.cn/showArticle.aspx?id=3462，最后访问时间 2018 年 1 月 20 日；张艳玲、白帮武：《预约合同相关问题探讨》，载《山东社会科学》2005 年第 2 期；白玉：《预约合同的法理及其应用》，载《东岳论丛》2009 年第 7 期。

[2] 王利明、崔建远：《合同法新论 · 总则》，中国政法大学出版社 1996 年版，第 48 页。

[3] 王泽鉴：《债法原理》，中国政法大学出版社 2001 年版，第 150 页。

[4] 张文显：《法理学》，法律出版社 2007 年版，第 350—354 页。

[5] See Degenkolb,（Fn. 6）, S. 7. 转引自吴从周：《论预约：探寻德国法之发展并综合分析台湾“最高法院”相关判决》，载《台大法学论丛》（第 42 卷特刊）2013 年第 11 期。

[6] 王利明：《预约合同若干问题研究——我国司法解释相关规定述评》，载《法商研究》2014 年第 1 期。

履行订立本约合同的行为，其并不属于非金钱债务实际履行责任除外的情形。如果一方有违预约合同，拒不订立本约合同，则权利一方可依法向人民法院提出申请，强制其订立本约合同。对于预约合同中欠缺本约合同必要条款的，抑或存在债务人消极作出意思表示并违背预约合同的情形，在司法实务中完全可以通过《民法典》第510条、第511条及第466条的合同漏洞填补、合同解释等途径进行解决。再次，强制缔约具有独特的地位和作用，现实生活中并非所有的履行利益都能以金钱或物质代替或衡量，如果违约方仅仅通过支付违约金等形式承担违约责任，无疑会助长违约方的投机心理，[1] 如面对一直疯涨的房价，售房人不再愿意签订本约合同。最后，法律对人身强制的限制并非绝对，宏观视角下的强制履行制度，关注对象不是应不应该强制的问题，而是怎样实施及实施的程度的问题，若（预约合同）适用强制履行之后仍可保证履行效果，就应当准予适用。[2]

除了上述赞成和反对的观点，有学者主张要以预约合同是否具备本约合同的必要条款进行区分对待，如果具备可以适用强制缔约，反之则不能适用，该学说与预约合同效力区分说类似。还有学者认为，预约违约能否适用强制缔约主要是怎样理解法律或事实上的不能履行，如若本约合同的未决条款属于主观事由，显然合同双方对本约合同的缔结本身就存在保留意思，此时法院不可替代当事人补全条款，进而促使本约合同订立；如若未决条款是因客观事由受到阻却，法院完全可利用合同解释规则进行补全，促使预约合同实际履行。就未决条款属主观事由还是客观事由认定的问题，应由法院依据双方当事人订立预约合同的时空环境、合同内容条款及当事人表述等情形来综合判定。[3]

---

[1] 黄绍坤：《论强制履行作为预约违约的责任形式》，载《甘肃政法学院学报》2019年第6期。

[2] 转引自最高人民法院民事审判第二庭编著：《最高人民法院关于买卖合同司法解释理解与适用》，人民法院出版社2016年版，第59页。

[3] 陆青：《〈买卖合同司法解释〉第2条评析》，载《法学家》2013年第3期。

2. 域外立法及司法比较

不同国家或地区的法律对预约违约能否强制缔约问题的规定各有不同。在大陆法体系中，法国是首个将预约合同纳入法律体系的国家，虽然《法国民法典》第1589条仅就买卖合同设置了预约制度，但在司法实践中凡预约合同都持以磋商效力并适用至今。其民法典第1590条规定，如买卖的预约以定金为之者，当事人任何一方均得以下列方式解除之：交付定金者，抛弃其定金；收受定金者，加倍返还其所受的定金。给予任何一方使用定金罚则代替强制履行的权利。[1] 中国政府恢复行使主权前的澳门地区，同葡萄牙的预约合同制度一样，将定金或违约金条款视为排除实际履行的方式，只要合同中具备，当事人便可以此代替缔约。但在中国政府恢复行使主权后的《澳门民法典》中，认可了强制履行的预约合同制度。[2] 除此之外，《德国民事诉讼法》第894条规定，当本约合同的缔结尚属可能，权利人有权要求履行预约。经权利人申请，法院可令有履行预约合同义务的一方作出订立本约合同的意思表示。若在判决转为确定之前，义务方仍未按法院要求缔结本约合同，其意思表示将由法院作出。[3] 我国台湾地区“强制执行法”第130条第1款规定，命债务人为一定意思表示之判决确定或其他与确定判决有同一效力之执行名义成立者，视为自其确定判决有同一

[1]《法国民法典》(下册)，罗结珍译，法律出版社2005年版，第1199页，第1208页。

[2]《葡萄牙民法典》第830条第1款规定，如一人承担订立某合同之义务，而不遵守该预约，则在无相反之协议下，他方当事人得获得一判决，以产生未被该违约人作出之法律事务意思表示之效力，但此与违约人所承担债务之性质有抵触者除外。第2款规定，存在交付定金之事实或曾为合同之不履行而定出违约金，均视为存有相反之协议。《澳门民法典》第820条第1款与《葡萄牙民法典》第830条第1款规定相同，但第2款规定，为着上款规定之效力，在预约合同中，单纯存在交付定金之事实或曾为合同之不履行而定出违约金，均不视为相反之协议，而预约系涉及有偿移转或设定房地产或其独立单位上之物权时，只要预约取得人已取得合同标的物之交付，即使有相反协议，预约取得人仍享有请求特定执行之权利。从中可以看出，《澳门民法典》已将定金和违约金排除在相反协议之外。唐晓晴:《葡萄牙民法典》，北京大学出版社2009年版，第144页;《澳门民法典》，转引自澳门特别行政区印务局，https://bo.io.gov.mo/bo/i/99/31/codcivcn/codciv0001.asp#a820，最后访问时间2017年4月1日。

[3][德]罗森贝克等:《德国民事诉讼法》(上)，李大雪译，中国法制出版社2004年版，第220页。

效力之执行名义成立者，视为自其确定或成立时，债务人已为意思表示。[1]《俄罗斯联邦民法典》第 429 条第 5 款及《芬兰不动产法》第 7 小节有相似规定，即如若预约合同一方拒不缔结本约合同，对方可依法向法院提出诉讼，请求对方强制缔结本约合同。[2]《意大利民法典》第 2932 条明确规定法律在尊重双方当事人约定以及个案客观实际的同时强调强制缔约的预约效力。[3]《墨西哥民法典》将履行预约、缔结本约作为一项原则，仅在标的物被善意取得时才例外。《秘鲁民法典》也有规定，倘若一方当事人并无正当理由违背订立确定性合同义务，无过错的一方当事人不仅有权请求法院确认预约合同无效，也可以请求法院强制订立本约合同，并且在任一情形下都有请求违约方赔偿损失或者损害的权利。[4]

通过上述域外立法比较可以发现，大多数国家或地区在预约合同违约救济上可否选择强制缔约方式的问题上持肯定态度。并且，基于诉讼经济原则，在德国和我国台湾地区的司法实务中，通常将强制履行订立本约合同的诉请和基于本约合同请求给付的诉请予以合并审理。[5]可以说，在严守契约和意思自治两项原则发生冲突时，选择了前者高于后者的价值排序。相比之下，我国法律对该问题未置可否，最高人民法院在起草《买卖合同解释》期间，在该司法解释《征求意见稿》第九稿第 3 条曾倾向于否定说，规定当事人签订认购书、订购书、预定书等预约合同约定将来订立买卖合同，一方不履行订立买卖合同的义务，对方请求强制订立买卖合同的，人民法院不予支持。后在《征求意见稿》第十稿第 3 条第 2 款又倾向于肯定

---

[1] 王泽鉴：《债法原理》，中国政法大学出版社 2001 年版，第 150 页。

[2]《俄罗斯联邦民法典》，黄道秀译，中国大百科全书出版社 1999 年版，第 186 页。

[3] See Italian Civil Code, Art. 2932. (Specific execution of the obligation to conclude a contract). If the party who is obliged to conclude a contract does not fulfill the obligation, the other party, if it is possible and is not excluded from the title, can obtain a sentence that produces the effects of the contract not concluded.

[4] Codigo Civil de Peru, Art. 1418. 转引自吴颂明：《预约合同研究》，载梁慧星主编：《民商法论丛》（第 17 卷），法律出版社 2000 年版，第 512—513 页。

[5] 吴从周：《论预约：探寻德国法之发展并综合分析台湾“最高法院”相关判决》，载《台大法学论丛》（第 42 卷特刊）2013 年第 11 期。

说，将条文修改为预约合同具备标的物、价款、数量等买卖合同主要内容，一方请求强制订立买卖合同的，人民法院应予支持。但在最终《买卖合同解释》发布之际，囿于问题复杂、学术研究尚待深入及相关审判实务经验有待发展等因素将该问题暂行搁置。[1]2020 年 5 月颁布的《民法典》对此依旧没有给出明确答案。然而由于该问题在司法实务中经常出现，我国一些地方司法机关对此作出了回应，如表 3 所示。

**表 3　地方司法机关对强制预约合同违约方订立本约合同的回应**

| 实施日期 | 司法文件名称 | 相关规定 |
| --- | --- | --- |
| 2007.11.22 | 《重庆市高级人民法院关于当前民事审判若干法律问题的指导意见》 | 出卖人拒绝签订商品房买卖合同，买受人请求继续履行合同签订本约的，法院不宜直接判决当事人履行签订合同的义务。如因出卖人的原因未能订立商品买卖合同，对方请求双倍返还定金的，一般应予支持；如未能签订本约的原因系出卖人故意违约，且给买受人造成损失的，买受人还可要求出卖人赔偿损失。 |
| 2014.12.16 | 《北京市高级人民法院关于审理房屋买卖合同纠纷案件若干疑难问题的会议纪要》 | 预约协议订立后，当事人一方无正当理由拒绝签订房屋买卖合同，守约方起诉要求法院强制违约方订立买卖合同的，一般不予支持。 |
| 2015.5.19 | 《宁波市中级人民法院关于审理商品房买卖合同纠纷案件疑难问题解答》 | 当事人一方拒绝签订商品房买卖合同，另一方请求继续履行合同签订本约的，法院不宜直接判决当事人履行签订合同的义务。但如具备合同主要条款的，应认定构成本约，双方当事人应予履行。因签订预约合同的目的系为双方将来订立本约，现双方仅就商品房买卖的部分条款达成一致意见，大部分合同条款仍需进一步协商，如法院判决另一方继续履行合同签订本约，事实上无法强制执行且效果不佳。 |

[1] 最高人民法院民事审判第二庭编著：《最高人民法院关于买卖合同司法解释理解与适用》，人民法院出版社 2016 年版，第 61 页。

**续表**

| 实施日期 | 司法文件名称 | 相关规定 |
|---|---|---|
| 2017.9.12 | 《广东省高级人民法院关于审理房屋买卖合同纠纷案件的指引》 | 当事人一方无正当理由不履行预约合同约定的签约义务，守约方请求人民法院判决强制签订房屋买卖合同的，不予支持。 |

不同于域外立法普遍肯定的态度，我国诸多地方司法机关在预约合同能否强制缔约问题上都持否定态度。宁波市中级人民法院更是指出了其中的主要原因，即“事实上无法强制执行且效果不佳”。虽然以上地方性司法文件仅在商品房买卖合同领域内作出规定，但实际上起到了准司法解释的效果，对所属管辖地域案件的裁判具有深远的影响。

3. 预约合同强制缔约的实证考察

立法上的阙如必定导致司法上的不一。笔者通过中国裁判文书网、北大法宝及北大法意网收集相关裁判文书，总涉案例有 231 件。其中最高人民法院有 4 件[1]，各地方高级人民法院有 5 件[2]。为了提高调查数据的权威性，笔者特对刊登在《人民法院案例选》《人民司法》《审判要览》等期刊，以及“法宝推荐”栏目中的相关案例进行了优先选择，最终在各地方中级以下人民法院的裁判案例中筛选出 51 个“典型”案例，经过对比，各级法

[1] 1. 山东菱重机电设备有限公司与中国人民解放军第 3304 工厂土地转让与租赁协议纠纷申请再审案，最高人民法院（2013）民申字 1715 号。2. 福建省莆田市广源饲料有限公司与陈华建设用地使用权转让合同纠纷申请案，最高人民法院（2014）民二终字第 935 号民事裁定书。3. 张玉琪、北京王忠诚医疗科技有限公司与佛山市顺德区银景房产有限公司、佛山市顺德区德利企业管理顾问有限公司等股权转让纠纷申请再审民事裁定书，最高人民法（2016）最高法民申 200 号。4. 北京万方源房地产开发有限公司与中国长城资产管理公司沈阳办事处债权置换股份协议纠纷案，最高人民法院（2015）民二终字第 336 号。

[2] 1. 林宏明诉北京香江兴利房地产开发有限公司商品房预约合同纠纷案，北京市高级人民法院（2014）高民申字第 03719 号。2. 回琳商品房预约合同纠纷申诉、申请案，北京市高级人民法院（2014）高民申字第 2606 号民事裁定书。3. 郭淑英、成都英祥房地产开发有限公司与赵传荣、赵航及成都名川房地产开发有限公司股权转让纠纷案，四川省高级人民法院（2015）川民终字第 1111 号。4. 胡林娣与淮南正元置业有限公司商品房预售合同纠纷案，安徽省高级人民法院（2015）皖民四终字第 00343 号判决书。5. 中国工商银行股份有限公司成都盐市口支行诉成都中强实业有限公司房屋拆迁安置补偿合同纠纷案，四川省高级人民法院（2016）川民申 490 号。

院裁判态度如表 4 所示。

**表 4　各级法院支持或不支持强制预约合同违约方缔约的案件数量**

| 审级 | 案件总数 | 支持强制缔约案件数 | 不支持强制缔约案件数 |
|---|---|---|---|
| 最高人民法院 | 4 | 2 [1] | 2 |
| 各地方高级人民法院 | 5 | 0 | 5 |
| 各地方中级以下人民法院 | 51（筛选） | 4 [2] | 47 |

可见，司法实务中对预约合同违约救济可否选择强制缔约方式的分歧不仅体现在地方各级人民法院的判例中，也反映在最高人民法院的裁判中。其中，6 份持肯定意见，54 份持反对意见，不支持强制缔约的案件占多数。但值得关注的是，通过分析这些案件的审判路径，可以发现无论法官支持哪种观点，裁判理由都并不完全一致。支持强制缔约的案件有以下几种理由：其一，当事人应始终遵循诚实信用原则，按照预约合同的约定订立本约合同，这不仅是预约合同的缔结目的，也是其应尽的义务。其二，预约违约并不属于限制强制履行的范畴，在没有法律或事实阻却的情况下，义务方就应当继续履行订立本约合同。其三，预约作为合同，当然适用《合同法》第 107 条（《民法典》第 577 条）的规定，预约合同债务人不履行缔约义务，应承担继续履行的违约责任。相对地，反对强制缔约的案件有以下几种理由：其一，继续履行会导致对意思自治原则的违背，当事人可另

[1] 1. 山东菱重机电设备有限公司与中国人民解放军第 3304 工厂土地转让与租赁协议纠纷申请再审案，最高人民法院（2013）民申字 1715 号。2. 福建省莆田市广源饲料有限公司与陈华建设用地使用权转让合同纠纷申请案，最高人民法院（2014）民二终字第 935 号民事裁定书。

[2] 1. 王彬诉自贡新鸿房地产开发有限公司商品房买卖合同纠纷案，自贡市贡井区人民法院（2008）贡井民一初字第 7 号（《审判要览》2009 年卷）。2. 郭志坚诉厦门福达地产投资有限公司买卖合同纠纷案，厦门市中级人民法院（2012）厦民终字第 1277 号（《人民法院案例选》2013 年第 1 辑）。3. 陈荣根诉江阴兰星房地产开发公司等不履行商品房预约合同纠纷案，无锡市中级人民法院（2012）锡民终字第 0024 号（《人民法院案例选》2013 年第 2 辑）。4. 枣庄市海天房地产开发有限公司与冯相西合同纠纷申请案，山东省枣庄市中级人民法院（2014）枣民申字第 66 号（北大法宝之“法宝推荐”栏目）。

行请求对方承担损害赔偿或支付违约金以弥补损失。其二，预约合同的标的为订立本约合同的行为，属于不能履行或者不适于强制履行的情形。其三，双方当事人为了达成本约合同实行了真诚的磋商，本约合同未能达成不可归责于任何一方。综上，司法实务中的各种分歧理由与理论争论基本契合，各级法院不仅在预约合同效力问题上没有一贯的审判路径，内部也没有统一的审判适用标准，裁判结果可以说几乎无法预测，长期以来很多相同地区法院的裁判结果各异，甚至多数相同法院的裁判结果也大相径庭。

4. 本书观点

肯定说强调有约必守，否定说宣称合同自由，预约违约能否强制缔约陷入了合同缔结自由与实现自身价值的对抗僵局。事实上，预约合同当事人无正当理由拒绝订立本约合同的，并无适用强制订立本约合同的限制。但是，应当以其他救济手段为原则，强制缔约为例外。

首先，从法理上讲，预约既然是独立的合同，就应当具备与其他合同相同的救济方式。诚如德国学者 Degenkolb 所言："预约与本约的共同性，不是两者之间的相互依存关系，而是所有可适用于本约合同的一般性原则，预约合同亦可适用。"[1] 当一方当事人拒绝订立本约合同时，对方当然可以基于《民法典》第 577 条的规定，请求其承担实际履行（缔结本约合同）的违约责任。预约合同的债务为诚信磋商并订立本约合同的行为，属于非金钱债务，其能够适用《民法典》第 580 条关于非金钱债务履行的规定，并不属于不能履行或者不适于履行的情形。[2] 另外，从当事人订立预约合同的意图出发，不仅有让交易更为紧密"绑定"的目的，更重要的是对订立本约合同的强烈意愿。可以说，预约合同不仅是经济活动中安全和效率原则统一的产物，也是法学领域意思自治原则的体现。这种意思自治反映为当事人通过订立预约合同，以失去其他缔结自由为代价来保障未来本约合同的实现，是一种自甘风险的行为。现实中法律赋予了当事人多种选择

---

[1] 转引自吴从周：《论预约：探寻德国法之发展并综合分析台湾"最高法院"相关判决》，载《台大法学论丛》（第 42 卷特刊）2013 年第 11 期。

[2] 曾猛：《论预约合同的强制履行》，载《广西政法管理干部学院学报》2017 年第 1 期。

的可能，其完全可以订立意向书、备忘录等无约束力文件，以期交易时再做决定。当事人既然选择预约合同，就选择了甘为其承担一定的风险，而不应在之后高举意志自由的大旗而排除强制缔约的适用。

其次，契约自由是合同法的灵魂，协商一致是合同成立的基本前提。预约合同本就是意思自治的产物，倘若一味地强调实现预约合同的自身价值而罔顾当事人的意思自治、允诺订立合同的自由被无条件干涉，实际上是以一个基于契约自由的预约合同去限制一个本约合同的契约自由。[1] 虽然法律对合同自由有所限制，但因违背预约合同而强制缔约并不属于传统意义上正当限制的范畴，我国合同法规则对契约自由的限制通常针对电力、邮政、煤气、铁路运输等公用事业单位不得对顾客提出的缔结合同请求予以拒绝。[2] 另外，合同的产生基于当事人之间的合意，法律无法对本约合同的必要条款在磋商无果的情况下进行补充或解释。有不少学者认为，对此完全可以通过《民法典》第 510 条、第 511 条及第 466 条的合同解释、合同漏洞填补等途径解决。[3] 事实上，其模糊了未决条款和待商条款的界限，合同的解释和填补规则位于《民法典》合同编中合同的履行一章，它的对象为（本约）合同成立后的待商条款（open terms）和空缺条款（missing terms），并非为导致（本约）合同无法成立的未决条款，在此无适用的依据。

基于上述强制缔约制度在违背预约合同时适用的可行性分析、契约自由价值的重述以及合同的解释和补充规则无法适用的说明，可知在实现预约自身价值的同时，兼顾当事人的合同缔结自由才是预约合同强制缔约问题的最佳出路。事实上，尽管市场交易中的预约合同形式复杂多样，但可以遵循一个标准，即守约方在诉请对方强制缔结本约合同时，预约合同的内容是否达到缔结本约合同的标准，换言之，预约合同是否完全具备了本

[1] 张艳玲、白帮武：《预约合同相关问题探讨》，载《山东社会科学》2005 年第 2 期；李冬：《预约合同制度要义与立法构建》，载《求索》2012 年第 9 期。

[2] 冉克平：《强制缔约制度研究》，中国社会科学出版社 2010 年版，第 39—54 页。

[3] 曾猛：《论预约合同的强制履行》，载《广西政法管理干部学院学报》2017 年第 1 期。

约合同的所有成立要件（必要条款）。如果答案为肯定，则可以适用强制缔约制度；如果不完全具备，则无法适用。该标准不仅可以使当事人订立预约合同的最终目的得到落实，也能够最大化地保障当事人缔结合同的自由。前文已提到，当预约合同具有本约合同的所有必要条款时将僭越到本约合同的范畴，除非当事人约定合同的性质仍为预约，抑或因特殊形式未完善或特定物未交付而导致目的合同（本约）未成立。因此，该类具备本约所有必要条款的预约合同可以适用强制缔约；而对于缺乏本约合同必要条款，抑或当事人要求目的合同（本约）的非必要条款上升至必要条款的预约合同，违背之无法适用强制缔约规则。

但需要补充的是，强制缔约的适用并非没有任何限制。其一，倘若预约双方在订立合同时就已排除了强制缔结本约的违约救济方式，应当尊重当事人的选择。其二，强制缔约制度的适用，应当优先考察客观情形，须遵循《民法典》第580条的规定，如果相对的本约合同已无法实际履行（如标的物灭失、当事人破产、标的物已被第三方善意取得等情况），再要求当事人强制缔结本约则毫无意义。其三，在多种违约救济方式并存的情形下，应给予守约方充分的选择权，强制缔约不是实现违约救济的唯一路径。当然，如果最终案件确立适用强制缔约，可参访德国和我国台湾地区的做法，[1] 基于诉讼经济原则，允许当事人的强制订立本约合同之请求与基于本约请求给付的诉讼合并提起。

最后，应当看到的是，虽然就具备本约合同成立的所有必要条款的预约合同类型，适用强制缔约并无不可，但是，预约合同的特质决定了其往往较于本约内容更具简要性。司法实践必须面对现实情境，对预约合同强制缔约的适用一定要持审慎态度。对于很多案件而言，适用强制缔约规则并不是最优路径，毕竟强制缔结本约合同后，还要考虑当事人进一步的合作，双方当事人经过司法裁判后多易产生较深矛盾，履行本约合同时再发

---

[1] 吴从周：《论预约：探寻德国法之发展并综合分析台湾“最高法院”相关判决》，载《台大法学论丛》（第42卷特刊）2013年第11期。

生纠纷的概率会很高，面对此种情况，如果能兼顾公平原则，规劝守约方以其他救济手段弥补损失，亦不失为一种更好的手段。当然，总体而言，对于“一锤子买卖合同”，其适用强制缔约的适宜性要比长期合作的合同要高得多。

## 二、损害赔偿问题

德国学者 Henrich 曾言：“司法实务中，于预约主张给付请求权的情形几乎完全不重要……原告大多请求损害赔偿。”[1] 的确，当预约合同当事人违约后，双方大多会因缺乏信赖基础而丧失继续合作的意愿，守约方也大多会选择请求损害赔偿而非实际履行来保护自己的权利。加之那些法律或事实上无法强制履行的情境，损害赔偿诉讼成了很多预约合同纠纷案件的仅有救济路径。较之《买卖合同解释》第 2 条的规定，《民法典》第 495 条删除了“解除预约合同并主张损害赔偿”，以违约责任进行概括表述，从立法学角度而言更为科学和规范，但依然没有对损害赔偿的依据及范围给予明确答复。根据我国合同法规则，当出现合同违约情况时，支持赔偿的范围一般以合同实际履行后能够获得之利益为限，通常被称为履行利益。问题是，实际履行预约合同为订立本约合同，那么实际履行后的利益是仅限于缔结本约合同还是应周延至本约合同的履行？

1. 既有学说和实务考察

《买卖合同解释理解与适用》编写小组认为，预约合同的实际履行仅为缔结一个新的合同，指向的是缔结本约合同的行为，合同成立本身不会出现任何现实交易，也不会产出任何经济利益。因此，对当事人而言，本约合同没有成立仅仅是丧失了一次交易机会，没有履行利益可循。并且，预约合同违约仍出现在本约合同的订立过程中，与缔约过失责任制度的违背

[1] Dieter Henrich, Vorvertrag, Optionsvertrag, Vorrechtsvertrag, 1965, S. 192f. 转引自吴从周：《论预约：探寻德国法之发展并综合分析台湾“最高法院”相关判决》，载《台大法学论丛》（第 42 卷特刊）2013 年第 11 期。

相差无几，只不过预约合同使该种相当责任上升至合同责任而已，预约合同的损害赔偿应与信赖利益损失相当。[1] 学界不少学者对此持相似观点，如韩世远教授等。[2]

但是，秉持上述观点便会陷入一系列价值质问，如若预约当事人仅剩损害赔偿的救济方式，而赔偿范围又仅限于信赖利益，那么除了一些形式方面的变化，再无与缔约过失责任制度本质上的区别了，那么其是否符合市场主体选择预约合同交易的初衷？对此，王利明教授回应到，在预约合同违约赔偿范围不包含本约合同履行利益的同时，也应与缔约过失责任作出显性区分，违背预约合同属违约责任，其应以完全赔偿为原则，不应限制在信赖利益以内。[3] 也有观点认为，确定预约合同损害赔偿范围，应综合已决条款数量、违约行为与损害结果的因果关系以及守约方因此遭受的损失等三方面进行考虑，并严格遵守《民法典》第 584 条规定，进行可预见的限定赔偿。[4] 详言之，对于一个预约合同，内容越详尽，形式上越接近本约合同，那么损害赔偿范围就越接近本约合同的履行利益，合同违约一方也更能够预见或应当预见自己不订立本约会给对方可能造成的损失。反之，若本约合同缔结条件不成熟，未决条款非常繁多，损害赔偿就越接近信赖利益，甚或没有。[5] 有观点对此补充论证到，预约合同之所以在市场中被广泛应用，不单是因为其提高了当事人之间的信赖程度，更重要的

[1] 最高人民法院民事审判第二庭编著:《最高人民法院关于买卖合同司法解释理解与适用》，人民法院出版社 2016 年版，第 61—62 页。

[2] 韩世远:《合同法总论》，法律出版社 2004 年版，第 165 页；高桂林、刘文杰:《预约合同的性质初探》，载《石家庄经济学院学报》2013 年第 6 期；白玉:《预约合同的法理及其应用》，载《东岳论丛》2009 年第 7 期；张艳玲、白帮武:《预约合同相关问题探讨》，载《山东社会科学》2005 年第 2 期。

[3] 王利明:《预约合同若干问题研究——我国司法解释相关规定述评》，载《法商研究》2014 年第 1 期。

[4]《民法典》第 584 条规定，当事人一方不履行合同义务或者履行合同义务不符合约定，造成对方损失的，损失赔偿额应当相当于因违约所造成的损失，包括合同履行后可以获得的利益；但是，不得超过违约一方订立合同时预见到或者应当预见到的因违约可能造成的损失。

[5] 陆青:《〈买卖合同司法解释〉第 2 条评析》，载《法学家》2013 年第 3 期。

是其保障了当事人对成立本约合同的合理期待。若预约合同的内容翔实、形似本约合同，并有违约金条款抑或可推知的履行利益，就不应将损害赔偿限定在信赖利益的范围内，应以本约合同的实际履行利益赔偿。[1]

相对上述信赖利益说和本约履行利益说之争，我国司法实务对预约损害赔偿范围的裁判结果也不尽相同，例如《最高人民法院公报》刊载的"仲某某诉上海市J房地产项目开发有限公司合同纠纷案"和"张某与徐州市T有限公司预售合同纠纷案"，两案都判决违约方应当赔偿信赖利益损失。[2]前者二审法院主审法官嗣后撰文说明了缘由："预约合同违约所要赔偿的固然是履行利益，但是这种履行利益并非本约合同履行利益，而应该与本约合同的信赖利益相称。"[3]而刊登在《人民法院案例选》中的"北京某装饰工程有限公司诉北京某艺术家具有限公司违反预约合同义务损害其期待利益建筑合同案"，却判决违约方赔偿本约合同的履行利益。[4]综合多数实务裁判结果观点，与理论上的信赖利益说和本约履行利益说相对应，要么以一般信赖利益损失为依据做出综合裁定，要么以本约履行利益为基准计算最终数额，并无统一的裁判标准可循。

2. 域外司法实务及理论的比较与评析

德国和瑞士联邦最高法院在预约合同当事人诉以直接赔付本约合同履行利益的请求上，都持支持态度。[5]理论界也将本约合同履行利益说作为通说，其理由为："基于预约合同而生之订立本约合同之请求权为第一次请求权，债务不履行而生之损害赔偿请求权则是第二次请求权，倘若守约一

[1] 赵秀梅：《违反预约合同损害赔偿范围研究》，载北京航空航天大学《民商法理论与方法论——第四届两岸民商法前言论坛论文集》，2014年11月。

[2] 最高人民法院办公厅：《仲某某诉上海市J房地产项目开发有限公司合同纠纷案》，载《中华人民共和国最高人民法院公报》2008年第4期；沈德咏主编：《张某与徐州市T有限公司预售合同纠纷案》，载《中华人民共和国最高人民法院公报》2012年第11期。

[3] 沈志先、韩峰：《房产商违反预约合同的民事责任》，载《人民司法》2008年第6期。

[4] 最高人民法院中国应用法学研究所编：《人民法院案例选》（2009年第1辑），人民法院出版社2009年版，第422页。

[5] See Nicolas R. Herzog, Der Vorvertrag im schweizerischen und deutschen Schuldrecht. 转引自汤文平：《瑞士预约制度研究》，载《西部法学评论》2011年第4期。

方诉请订立本约合同，经法院裁判予以准许，而以判决代替订约之意思表示，则预约合同债权人既得在本约合同成立情形下，对债务人主张法律所赋予债务不履行而生之一切损害赔偿请求权。如果将此种诉请订立本约合同之利益，看作本约合同履行利益的前提，则一定会促使权利人先通过诉请法院订立本约合同，而后得到胜诉判决再诉请本约合同之损害赔偿。但如果能够肯定，预约合同债权人在债务人违反订立预约合同之义务时，就可以主张跟请求履行本约合同一样的权利，就可以不必强迫债权人一定要先提起订立本约合同之诉，而可以免除债权人必须绕道这个无意义的诉讼。”[1] 由此可见，两国判例和学说之所以认同本约合同履行利益说，原因在于本国司法对预约合同违约可强制缔约的认可，基于预约合同违约—强制缔结本约合同—实际履行本约合同—本约合同履行利益的逻辑推导，结合便利当事人和诉讼经济原则，直接得出预约合同违约—本约合同履行利益模式。并且理论上对预约合同违约损害赔偿的范围加以区分，倘若违约方最终与第三人因此缔结合同，类属积极利益，赔偿范围应为第三人因此可获得的利益；相反，倘若并没有真正缔结本约合同的意思，则应以消极利益作为赔偿。[2]

总体来看，无论是信赖利益说还是本约履行利益说，都没有公平且适当的释义预约违约损害赔偿的应然范围。就信赖利益说而言，其压缩了预约合同价值，有违当事人的立约初衷，并且无法回避的逻辑问题是，当事人在本约合同缔结过程中，既然选择订立预约合同，那么其所产生的信赖程度肯定要比没有订立预约合同高得多，如果将其与缔约过失责任所依据的信赖利益画等号，无疑会造成合同守约方利益保护的缺位。就本约履行

[1] Dieter Henrich, Vorvertrag, Optionsvertrag, Vorrechtsvertrag, 1965, S. 215f. 转引自吴从周：《论预约：探寻德国法之发展并综合分析台湾“最高法院”相关判决》，载《台大法学论丛》（第42卷特刊）2013年第11期。

[2] See BaslerKommentar zum OR/Eugen Bucher, 2007, Art. 22. 转引自汤文平：《瑞士预约制度研究》，载《西部法学评论》2011年第4期；汤文平：《论预约在法教义学体系中的地位——以类型序列之构建为基础》，载《中外法学》2014年第4期。

利益说而言，其面临的最大问题是，预约合同既然产生于本约合同订立之前，因一方违约造成终止时本约合同尚未订立，何来本约合同的履行利益呢？虽然预约合同的目的为订立本约合同，当事人也可以向违约方提出强制缔约的请求，但因此就无差别地与本约合同的履行利益画等号，显得激进而有失偏颇。

3. 横向与纵向维度叠影下的赔偿范围确定

预约合同损害赔偿的价值在于对守约方因违约行为而遭受的损害予以救济，保护其合法权益。决定预约损害赔偿范围既不单纯是对信赖利益的复制，也不完全是对本约合同履行利益的替换，而在于对（本约）合同一般缔约过失责任、预约合同内容的本约必要条款完备度、本约合同成立且履行的合理期待三种要素的考察。

（1）横向维度值的考量。现实生活中，预约合同虽具有内容确定性，但其内容的详细程度并不统一，有的非常接近意向书，有的则与本约合同十分类似。预约合同处于本约合同的缔结阶段，那么契约成熟度理论能否在预约合同的违约损害赔偿量化中予以借鉴和应用，值得思考。契约成熟理论由日本学者镰田薰教授提出，其认为当事人合同关系的确立是一个逐步趋向成熟的过程，在合同的订立过程中，随着磋商的不断深入，当事人之间的信赖关系不断增强，基于此，就当事人信赖利益赔偿的确定，可以与磋商的成熟程度相匹配。换言之，对于当事人而言，其磋商越具体深入，受到的约束就越大，相应所承担的缔约过失责任也越重。[1]

虽然契约成熟理论一直被当作缔约过失责任赔偿的解决方案，但在预约合同中适用并无理论上的违和，反而具有适配性和可操作性。从一个预约合同成立到本约合同缔结，合同条款由简单到详细、由笼统到具体是其通常路径，诚如意大利学者 Di Majo 的形象比喻："预约合同就像未脱茧的蚕蛹，如果把脱茧的过程看作本约合同订立前的过程，那么这种预约具体存在空间也是很大的，其可能包括初期的预约合同和待成熟的预约合同，

[1] 陈吉生：《论缔约过失责任》，法律出版社 2012 年版，第 218 页。

以及无限接近本约合同的预约合同。”[1] 预约合同事实上为本约合同的“预备合意”披上了一层合同关系的外衣，其缔结本约合同的终极目的以及对当事人产生的约束，使其完美契合契约成熟理论。诚然，若预约合同内容越详尽，形式上越接近本约合同，其损害赔偿范围就越接近本约合同的履行利益，合同违约一方也更能够预见或应当预见自己不订立本约合同会给对方可能造成的损失。反之，交易刚起步、预约合同内容越接近意向书的，损害赔偿数额就越与本约合同履行利益相去甚远。由此，在预约合同违约损害赔偿的语境下，可将契约成熟理论称为预约合同内容的本约必要条款完备度，作为横向维度值的考量标准。但由此便会产生一个问题，即该结论事实上与一般缔约过失责任适用契约成熟理论如出一辙，依然无法解释信赖利益说的弊病，此时就需要纵向维度的介入。

（2）纵向维度域的考量。预约合同的损害赔偿范围不能简单地等同于缔约过失责任，两者在赔偿范围上并非等量齐观。当事人在缔结合同时既然选择预先订立预约合同，那么因此所产生的信赖程度必定要高于一般缔约过失责任所具有的信赖程度，两者之间的落差可称为当事人对本约合同成立且履行的合理期待。因此，从逻辑上讲，完全可以以朴素的一般缔约过失责任为基准，相应提高预约合同的损害赔偿标准。当一般缔约过失责任所依据的信赖利益越高，预约损害赔偿的标准便随之越高，相反则越低。至于预约违约损害赔偿标准与一般缔约过失责任区间值的大小，其反映着当事人对本约合同缔结的强烈确信，应由法院结合当事人基于预约合同关系所做的法律行为、订立预约合同时所处的时空环境和情状（如当事人的职业、身份及相互之间的了解等）、违约时本约必要条款的磋商程度以及社会一般人对此的信赖评价等多重因素进行综合判定。

结合横向维度与纵向维度进行考量，二者重叠阴影便是预约合同损害赔偿的合理范围，虽然不是直接数额，但据此限域内作出的具体数额裁判

[1] See Di Majo, Obbligo a contrarre, in Enc. giur., XXI, Roma, 1990, p.6. 转引自陆青：《〈买卖合同司法解释〉第 2 条评析》，载《法学家》2013 年第 3 期。

能够最大限度地保证双方当事人的利益。应当注意的是，我国《民法典》第 584 条明确了违约损害赔偿的范围为合同履行后可以获得的利益，并且确立了可预见性规则。预约合同的履行为进行磋商且最终缔结本约合同，履行后可获得的利益最多为本约合同的履行利益。同样，违约一方订立预约合同能预见到或者应当预见到的因违约可能造成的损失亦最多为本约合同成立后的实际履行。因此，本约合同的履行利益为预约合同违约损害赔偿范围的上限。另外，预约合同有可强制缔约的情形，当然对应有以本约合同履行利益作为其最终的损害赔偿数额，如前述具备本约合同所有必要条款的预约合同类型，在一方当事人违约造成本约合同无法订立的，应当赔偿本约合同的履行利益。

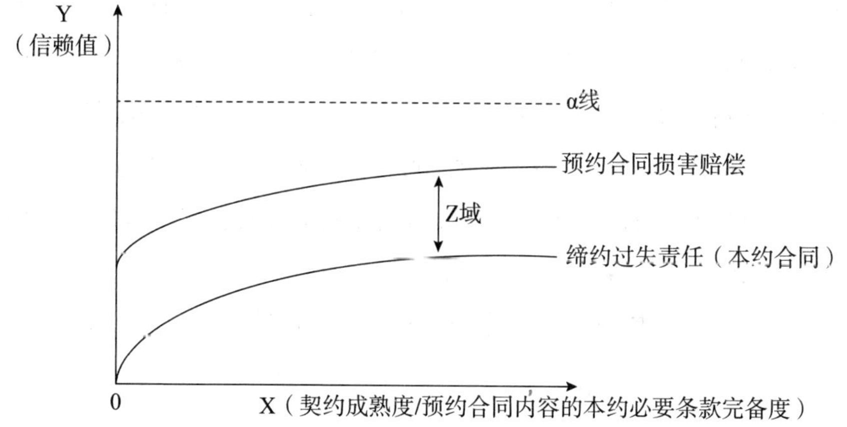


**图 3 预约合同损害赔偿范围的确定** [1]

需要补充的是，关于预约合同损害赔偿中“一物二卖”情形的处理以及守约方机会利益损失的问题。当事人如果签订了买卖预约合同，而后一方将标的物出卖给第三人致使本约合同无法签订的，应看违约方是否获取了比守约后更高的利益，如果为肯定，应将超出的利益纳入损害赔偿的范围；如果为否定，仍依前述办法处理。简言之，违约人不能因违约行为而

[1] 需要解释的是，该处的 α 线为本约合同的履行利益，预约合同的损害赔偿范围不得超过该线。Z 域表示相同时空环境下，预约合同与缔约过失责任间的信赖利益程度差，是当事人对本约合同成立且履行的合理期待。

获利。保护当事人合法权益和鼓励交易是合同法的价值目标，[1]就鼓励交易之价值目标而言，违约损害赔偿不仅应赔偿债权人所受的损害，而且所失利益也应计算在内，这样能使潜在的违约方考虑到违约无利可图，从而鼓励其依约履行。[2]以商品房买卖为例，倘若双方当事人订立商品房认购书（预约合同）后，开发商又将标的房屋出售给第三人获取更高利润，其在作出违约行为时，必然能够预见到购房者很难再以相同的价格购买相同地段的房屋，如果对超出利益部分不支持予以赔偿，显然纵容了违约行为，不仅有违公平和诚信原则，也无法更好地维持正常的社会交易活动和经济秩序。[3]可能有观点会质疑，投资房产是商业行为，具有射幸性质，房价有涨有跌，若开发商与第三人成交后房价大跌，购房者则免遭损失，其无异于获利，此时依然让开发商赔偿超出利益，有失公允。的确，该种情形下购房者因开发商违约造成违约损害的同时获益，但不能就此否认开发商赔偿超出利益的合理性，严守契约是诚实信用的具体体现，当不存在法律所规定的例外情形时，当事人应依约履行合同义务。并且，在损失计算时完全可以适用损益相抵规则，违约方（开发商）可主张从违约损失赔偿额（含超出利益）中扣除受害方所获利益。[4]

至于预约损害赔偿是否包括赔偿机会损失问题，《买卖合同解释理解

[1] 王利明:《合同法的目标与鼓励交易》，载《法学研究》1996 年第 3 期。

[2] 罗昆:《鼓励交易原则的反思与合理表达》，载《政治与法律》2017 年第 7 期。

[3] 在现实生活中，大多数房地产开发商在开展房产项目的过程中，通过客户资金的滚动投入形成资金流，而这种资金流多成为房产商的变相融资，最终得以将房屋顺利建成。很多购房者在开发商未取得《预售许可证》之前与之签订认购书（预约合同），对于购房者来说，其目的是在房价逐步高涨时以认购书锁定房价，降低购房成本；而对开发商来说主要目的在于获取稳定的资金流。两方各取所需，不仅能促进交易，而且能激励社会经济的发展，符合合同法鼓励交易之目的。如果开发商在房屋市场价格上涨后将其卖与第三人以挣取更大的利润，司法裁判对此放任不管，购房者则无从得到救济，极端情况可能会导致其从此无力再购房。从法的引导功能来说，必将导致商品房认购书不被社会大众所信任，助长市场的不诚信，从而给正当的交易秩序带来混乱，阻碍社会经济的发展。

[4]《买卖合同解释》第 31 条为损益相抵规则的具体体现，即买卖合同当事人一方因对方违约而获有利益，违约方主张从损害赔偿额中扣除该部分利益的，人民法院应予支持。

与适用》编写小组对此未置可否。[1]我国台湾地区学者曾世雄教授曾提出，机会损失是否具有可赔偿性，应同时满足损害赔偿客体的两个要件：其一，须客观上确定或可得确定；其二，须为不利益，即受害人财产或非财产的利益损害，抑或需表彰之法益或权利遇到侵害是由加害行为所致。[2]而一些预约合同的违约案件中完全具备这两个要件：第一，预约违约行为导致的机会丧失具有可确定性。司法实践中一些预约合同的内容完备，有的甚至已具备本约合同所有必要条款，当事人对本约合同成立且履行具有合理期待，并且相当稳固，如若一方违约将导致这种期待利益受损甚至消失，守约方也因此丧失与第三人缔结类似合同的可能或良机。第二，预约合同守约方财产上或非财产上的不利益是由该种机会利益的丧失所导致的。事实上，不失时机地寻找机会并尽最大努力实现最好效果是机会利益的本质所在，虽然守约方在机会存在的情况下并非一定能够实现预期利益，但若机会丧失则定会产生不利益的后果。例如在房价快速上涨时期，开发商在签订预约合同后又将标的房屋卖与他人，导致对方当事人无法以相同价格在相同地段购房，此时机会损失就成了现实损失。因此，预约合同违约导致的机会损失具有可赔偿性，但如何计算机会损失的赔偿数额却成为一个难题。本书认为，机会损失的赔偿数额与预约违约者因违约所获得的超出利益具有一定的相当性。以商品房买卖合同为例，如果开发商将房屋出卖于第三人不仅获得按原认购书约定的价格而且多获得了一部分利益，该多获得的利益就是购房者因机会丧失所增加的购房成本，[3]此为一种财产上的不利益，应予以赔偿。因此，从该角度讲，赔偿因违约而得到的超出部分

[1] 最高人民法院民事审判第二庭编著：《最高人民法院关于买卖合同司法解释理解与适用》，人民法院出版社 2016 年版，第 62 页。

[2] 曾世雄：《损害赔偿法原理》，中国政法大学出版社 2001 年版，第 275 页。

[3] 需要说明的是，一般而言，开发商将商品房一物二卖多是由于更高的价格因素，而价格是作为同等地段、同段时间等综合因素之房产价值的反映，因此超出的利益完全可以作为机会损失的利益，因为这里的机会损失指的就是在相同地段、签订认购书时所获得的相对后来房价较低价格的机会。但可能产生的疑问是，对非商品房预约买卖合同，出卖人一物二卖所获得的超出利益是否与机会损失利益相当，笔者认为，此时不一定会产生机会丧失的问题。

利益，不仅是鼓励交易的价值目标和公平原则之体现，也是机会利益损失的反映，具有一体两面性。而对于未有或极少超出利益的，法院对机会损失利益的赔偿数额应结合市场、时间等多种客观因素，通过比较当时时空环境下的同等机会来决定，力求达到个案上的公平，而不应否定预约违约中机会损失的赔偿。

## 三、定金和违约金问题

市场交易中预约合同的应用，经常出现当事人约定定金条款的情形，对此适用并无不妥，但问题在于该定金的性质为何。定金作为一种担保方式，根据设定的目的和发生效果的不同，可分为成约定金、证约定金、解约定金、立约定金和违约定金五种类型。[1] 有学者认为预约合同定金属立约定金，因为该定金是为了保障签订本约合同而交付的。也有观点认为该定金具有双重属性，其不仅具有立约定金的性质，还有违约定金的特征，理由为如若认为预约合同定金性质单属立约定金，则会出现无论何种情况下，只要一方当事人不同意缔结本约合同就可适用定金罚则，这样解释将有违公平，存在一定的缺陷。例如房产商与购房人签订房屋买卖合同，房产商增加了诸多不合理条款，购房人只能选择签订合同或因拒绝而承担定金罚则。[2]

对于该定金条款的属性，本书倾向于违约定金。一方面，违约定金以定金的丧失或者双倍返还定金作为违反合同的补救方法。预约作为独立的合同，当事人加之定金条款，目的在于保证本约合同的实际履行。无论预约合同的效力如何，当事人签订预约合同都具有诚信磋商且最终订立本约合同的义务，诚信磋商是方式，缔结本约为目的。司法实务中预约合同可分为两类，一类为不具备本约合同成立所有必要条款的预约合同，另一类为具备本约合同成立所有必要条款的预约合同，前者当事人负有诚信磋商

[1] 王利明、杨立新、王轶、程啸:《民法学》(第四版)，法律出版社 2014 年版，第 425—426 页。

[2] 赵自云:《商品房认购书若干法律问题探析》，载《福建法学》2006 年第 3 期。

义务，后者当事人负有缔结本约义务，而违反相对的义务也就违反了预约合同。以上述商品房买卖为例，倘若房产商与购房人签订合同时，单方增加了诸多不合理条款致使购房人拒绝订约，其行为已经违背了预约合同中的诚信磋商义务，此时拒绝签订本约合同并非违约，相反，购房人可向房产商主张双倍返还定金。另一方面，立约定金是当事人在订立合同前，为保证正式签订合同而约定的。其可以以单独形式存在，也可以并存于预约合同或本约合同（如房屋预售合同）当中，最高人民法院《关于适用〈中华人民共和国担保法〉若干问题的解释》（以下简称《担保法解释》）第 115 条和《商品房买卖合同解释》第 4 条的规定就是立约定金的确认和写照，[1] 立约定金合同成立时，担保对象主合同并未成立，无论认为立约定金从属于将来的主合同抑或无从属性可言，[2] 其都不必须依存于预约合同，但又由于具备本约合同成立所有必要条款的预约合同中的定金直接指向订立本约合同，显示出立约定金的属性，多数观点因此就认为其为立约定金。事实上，这种属性在预约合同中完全可以被违约定金所包含，因为违约定金本身就具有多样性功能。虽然订约定金与违约定金殊途同归，守约方最终都可向违约方主张双倍返还，但如果仅将预约合同的定金属性看作立约定金，无疑会导致守约方主张违约者双倍返还定金的时间推后，造成新的不公平。

值得注意的是，根据《买卖合同解释》第 28 条的规定，在一定条件下，违约人可基于定金罚则另提赔偿请求。[3] 但是，有学者对预约合同能

---

[1]《担保法解释》第 115 条规定，当事人约定以交付定金作为订立主合同担保的，给付定金的一方拒绝订立主合同的，无权要求返还定金；收受定金的一方拒绝订立合同的，应当双倍返还定金。《商品房买卖合同解释》第 4 条规定，出卖人通过认购、订购、预订等方式向买受人收受定金作为订立商品房买卖合同担保的，如果因当事人一方原因未能订立商品房买卖合同，应当按照法律关于定金的规定处理；因不可归责于当事人双方的事由，导致商品房买卖合同未能订立的，出卖人应当将定金返还买受人。

[2] 参见崔建远：《“担保”辨——基于担保泛化弊端严重的思考》，载《政治与法律》2015 年第 12 期；李贝：《定金功能多样性与定金制度的多样性选择》，载《法商研究》2019 年第 4 期。

[3]《买卖合同解释》第 28 条规定，买卖合同约定的定金不足以弥补一方违约造成的损失，对方请求赔偿超过定金部分的损失的，人民法院可以并处，但定金和损失赔偿的数额总和不应高于因违约造成的损失。

否适用提出了质疑。一种观点认为，预约合同定金为损害赔偿之预定，性质如同违约金，不可与损害赔偿并用。[1] 另一种观点认为在某种程度上，预约合同定金是双方对于一方当事人退出签订本约合同可能造成损失的预定。若严格适用该条规定，权利人进一步主张损失，反而不符合定金设立的本意，进而会造成权利人的投机心理。应对预约合同的适用加以限制，在定金数额与权利人遭受的实际损害相比明显过低时才可适用。[2] 两种观点前者将违反预约双倍返还的定金看作违约金，以否定该司法解释的适用；后者将违反预约双倍返还的定金看作损害赔偿，从而限制司法解释的适用。但是，应当明确的是当事人在预约合同中设立定金条款，目的是对方能够切实履行合同义务，定金罚则作为独立的担责形式，并不具备替代赔偿损失或违约金的资格，不能将其解释为对未来损失或违约金额的预定。即便当事人主张双方在订立定金合同时将定金看作未来损失或违约金额的预定，也应为民事诉讼的证明事项，与预约合同定金能否适用该条司法解释属于两个维度的问题。诚如《买卖合同解释》编写小组对该条解释的立法宗旨之阐述："定金罚则的运用不以实际发生损失为前提，如果允许以定金罚则替代损害赔偿，则可能不足以弥补守约方的损失。"[3] 由此可见，该司法解释的目的在于维护守约方的合法权益，力求个案的公平，与《民法典》第588条第2款的规定如出一辙，都是法律维护守约方利益的具体体现。现实生活中，一方违约可能会给对方造成远远高于双倍定金的损失，该司法解释的适用能够充分维护预约合同守约方的利益，同时通过"不足以弥补守约方的违约损失"和"不超过赔偿总额不超过权利人损失"两个条件加以限定，又能够防止权利人因赔偿而获得额外利益。

关于预约合同中定金的数额问题，根据《民法典》第586条的规定，

---

[1] 梁慧星：《预约合同解释规则——买卖合同解释第2条解读》，载中国法学网，http://www.iolaw.org.cn/showArticle.aspx?id=3462，最后访问时间2018年2月1日。

[2] 陆青：《〈买卖合同司法解释〉第2条评析》，载《法学家》2013年第3期。

[3] 最高人民法院民事审判第二庭编著：《最高人民法院关于买卖合同司法解释理解与适用》，人民法院出版社2016年版，第440页。

有不超过主合同标的额20%的限制。《买卖合同解释》编写小组认为由于预约合同的标的为缔结本约合同之行为，自无法计算而不能适用。[1] 该观点是基于预约合同定金属性为立约定金而形成的，立约定金的担保对象为主合同的订立，主合同未订立自然无标的额可言。如前文所证成，预约合同的定金属性为违约定金，标的额就在预约合同当中。但由于预约合同的特殊性，并非每个合同都具有标的额，对此，存在标的额内容（如价金条款）的预约合同，仍应遵循定金数额的限制规定；而欠缺标的额内容的，定金金额可不受此限。但应当注意的是，这种无限制并不是极端的，实务中还需兼顾公平原则且考虑守约方实际遭受损失的情况，可以参考适用违约金酌减的一般规则，即《民法典》第585条第2款第二种情形。另外，定金罚则得以适用的前提为当事人造成了合同的根本违约而非一般违约，根据《担保法解释》的规定，[2] 若守约人已主张定金赔付，就无法继续请求违约方实际履行预约合同。

违约金作为当事人预先约定的违约责任方式，在预约合同中具有普遍适用性。我国违约金制度具有以补偿性为主、惩罚性为辅的属性，[3] 本质上属于损害赔偿之预定，主要功能在于填补守约方的损失。[4] 诚然，预约合同债权人若主张赔偿违约金便无法同时主张损害赔偿，两者指向的是同一损害，不能因此得到两次赔偿。[5] 至于预约合同的违约金请求权能否与继续履行请求权并存，则应考察违约金所针对的违约事由，如果其指向的是拒绝履行义务的情形，如不与磋商、拒绝签订本约合同的，则违约金请求

[1] 最高人民法院民事审判第二庭编著：《最高人民法院关于买卖合同司法解释理解与适用》，人民法院出版社2016年版，第64页。

[2]《担保法解释》第120条第1款规定，因当事人一方迟延履行或者其他违约行为，致使合同目的不能实现，可以适用定金罚则。但法律另有规定或者当事人另有约定的除外。

[3] 张广兴：《合同法总则》（下），法律出版社1999年版，第203页；孙瑞玺：《论违约金的性质——以〈合同法〉114条为视角》，载《法学杂志》2012年第4期。

[4] 崔建远：《整体、基点、度》，载《民法九人行》（第二卷），金桥文化出版有限公司2004年版，第146—147页。

[5] 王利明：《合同法研究》（第二卷），中国人民大学出版社2010年版，第601页。

权与履行请求权不能并存，合同守约方向对方行使违约金请求权的，履行请求权即已消灭；[1]相反，如果指向履行义务不符合约定的，如不诚信磋商或延迟订立本约合同，守约方可同时主张违约金请求权和履行请求权。另外，根据《民法典》第585条第2款和《合同法解释（二）》第29条的规定，当预约合同中约定的违约金数额与实际损失数额出入较大时，当事人可以请求法院或仲裁机构予以适当增加或减少，以期达到实质公平，其中实际损失的数额以及在当事人没有约定违约金数额的情形下可参照前述损害赔偿的范围予以确定。

[1] 韩世远：《合同法总论》，法律出版社2008年版，第597页。

# 结论

从历史维度看，罗马法原则、买卖制度、定金制度、中世纪的注释法所带来的一些新认识都为预约合同制度的萌芽提供了条件。但归根结底，私法自治与合同自由、诚实信用原则以及法经济效益理论为预约合同的理论基础。在市场交易中，预约合同因其有固定交易机会、促进交易安全、减少缔约过失责任制度对守约方保护的缺位，弥补合同制度不足、延缓正式合同法律效力发生、提前融资等特有价值与功能广受市场主体青睐，并在全球各国及地区的债法规则中扮演着越来越重要的角色。注重合同成立后实施效果的同时，越发关注合同的订立过程成为各国债法立法之趋势。从当事人开始磋商到合同最终签订，法律通常以缔约过失责任制度保障善意方的权利，预约合同不仅以债权债务关系强化了这种保障，而且明晰了当事人基于意思自治而约定缔约阶段应履行的义务以及违背这份义务时该当的责任。这不仅是市场主体选择预约合同的主要原因，也是预约合同功能的重要体现。

预约合同属于债权契约，独立并形成于本约合同订立之前，标的为在将来完成本约订立之行为，为典型的诺成、不要式合同，并具有期限性。其自身的特殊性决定了它的成立条款不能完全以普通合同的范式进行推导，在当事人无特殊要求的情形下，其必要条款为将来订立本约合同的合意（标的条款）、期限性条款和本约合同标的条款三项。至于预约合同、意向书和本约合同的界分标准，以目的合同（本约）的形成进路为视角，即从意向书到预约合同再到本约合同的最终订立，三者实为位阶递进关系，意向书居下，预约合同居中，本约合同居上，分阶三者的两条梯线为预约合同的必要条款和本约合同的必要条款。三者在内容上具有一定的同一性和流通性，同一性在于某些条款的重合，流通性在于某些条款可相互流动，但条款的增加或减少应以不使自身跨越梯线、僭越至对方文本的领地为限。换言之，意向书不能同时具备预约合同成立的所有必要条款（除非当事人约定文本性质无任何约束力），预约合同不能同时具备本约合同成立的所有必要条款（除非当事人约定合同性质仍为预约合同，抑或本约合同因形式未满足或特定物未交付而未成立）。三者关系如图 4 所示。[1]

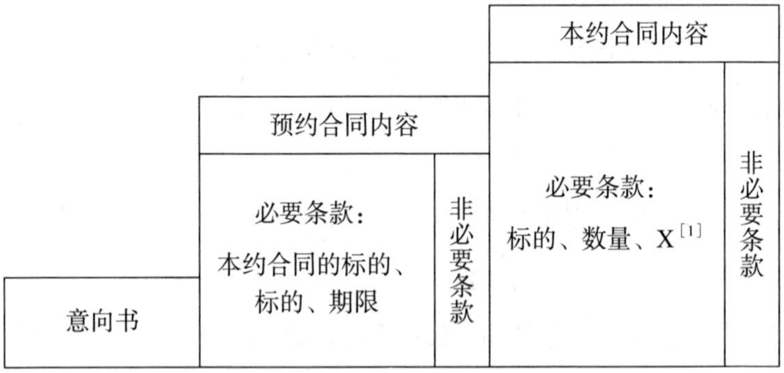


**图 4　意向书、预约合同、本约合同关系图**[2]

无论是《民法典》第 495 条，还是《买卖合同解释》第 2 条都将认购书、订购书、预订书等文书列为预约合同的一种形式，但是，这种立法表述并非笼统地将这些文书全部纳入预约合同的范畴，而仅仅是对现实生活中常见现象的列举。在司法实务中，文本的名称虽有一定的参考价值，但

[1] 这里的 X 表示本约合同成立所需的除标的和数量以外的其他必要条款，如本约合同为买卖合同的，X 为价金条款。

[2] 需要说明的是，该阶层图为一般情况下三者的状态，其并不考虑当事人意定文本的性质、当事人要求目的合同必须具备的条款、目的合同的成立取决于特殊形式的满足或特定物的交付等特殊因素。

对其属性的认定还需“循名责实”，[1] 只有在完全具备预约合同的必要要件时，才能考虑其是否属预约合同。另外，预约合同与框架合同、预售合同、附停止条件合同及有待商条款的合同具有本质区别，这些合同都为本约合同。域外理论中预约合同的某些类型与我国法律所指的预约合同并不相同，如法国理论中订立合同的单方允诺与优先性协议在某些情况下属于附停止条件的单务预约合同，但原则同意性协议与意向书类似，均并非预约合同。英美法理论将合同订立前的允诺统称为初步协议（preliminary agreement），外延要比预约合同大得多，有将行谈判的初步协议（preliminary agreement to negotiate）和带开放条款的初步协议（preliminary agreement with open terms）之分，但都不是大陆法意义上的预约合同，前者缺乏约束力，与意向书类似；后者开放条款（open terms）实指待商条款，为本约合同。英美法不承认预约合同的存在，根本原因在于预约合同的概念与约因制度（consideration）不符，但合同中具有的本约合同标的内容却恰恰是（本约）合同成立的约因，当一切要素具备时，直接以合同（contract）看待之。

预约合同的效力该当性是违约责任的基础问题，诚信磋商说注重契约自由精神的保护，主张当事人只要为订立本约合同尽到诚实信用的磋商义务，便履行了预约合同义务，至于本约最终能否达成则无关紧要，但面临的最大问题是有违预约合同订立目的且易产生磋商形式化。应当缔约说注重诚实信用原则，强调预约合同不仅应具有磋商效力，还应有最终缔结本约的效力，除法定事由外，当事人必须在将来某一时间节点完成对本约合同的订立，但面临的最大问题是可能严重干预当事人意思自治，有违合同原则。效力区分说试图调和诚信磋商说和应当缔约说之间的矛盾，将预约合同内容是否具备本约必要条款作为标准来区分其效力，但理论自洽性不足。事实上，效力区分说并非上述两种效力的妥协或折中，更不是信赖程度的产物，而是预约合同自身特性结合客观情形的必然选择。因特殊情况而具备所有本约必要条款的预约合同，缔约效力应当并无强制或代替意思

[1] 汤文平:《德国预约制度研究》，载《北方法学》2012 年第 1 期。

表示之嫌；而不具备所有本约必要条款的预约合同，由于干预当事人意思自治且缺乏缔约客观条件，仅能退而适用诚信磋商效力，但不至于导致其与意向书无异及磋商形式化。相应地，关于违背预约合同能否适用强制缔约规则问题。应对市场交易中形式复杂多样的预约合同进行综合考察，并以内容为基础类型化后加以区分对待。对于具备本约合同成立的所有必要条款的预约合同类型，[1] 对违约者可以适用强制缔约规则；对于不具备本约合同成立的所有必要条款的预约合同类型，[2] 无法适用强制缔约规则。但应当注意的是，磋商不属强制执行的对象。

至于预约合同的损害赔偿范围，应结合横向维度与纵向维度进行考量，横向维度的基础为合同具备本约合同必要条款的完备度，纵向维度的基础为当事人对本约合同成立且履行的合理期待，即相同时空环境下，预约合同与朴素的一般缔约过失责任间的信赖利益程度差。预约合同违约损害赔偿范围不得超过本约合同的履行利益。对于具备本约合同所有必要条款的预约合同类型，在一方当事人违约造成本约合同无法订立时，违约方应当赔偿本约合同的履行利益。另外，机会损失应包含在损害赔偿范围内，其赔偿数额与预约违约一方因违约所获得的超出利益具有一定的相当性；对于未有或极少超出利益的，法院对机会损失利益的赔偿数额应结合市场、时间等多种客观因素，通过比较当时时空环境下的同等机会来决定，力求达到个案上的公平。

预约合同中定金条款的属性为违约定金，当事人在主张定金罚则的同时，不能请求对方继续履行合同，但可以在定金罚则的基础上请求损害赔偿，但两者的总数额不应超过违约人违反预约合同所造成的损失。欠缺标的额内容的预约合同，定金金额可不受《民法典》合同编关于定金限额的规定，但这种无限制并非极端，实务中还需兼顾公平原则且考虑守约方实际遭受损失的情况，参考违约金酌减的一般规则。预约合同的违约金请求

[1] 缺乏本约合同必要条款，抑或当事人要求目的合同（本约）的非必要条款上升至必要条款。

[2] 预约合同具有本约合同的所有必要条款，但当事人约定合同的性质仍为预约，抑或因形式未满足或特定物未交付而导致目的合同（本约）未成立。

权能否与继续履行请求权并存，应考察违约金所针对的违约事由。另根据《民法典》第 585 条第 2 款和《合同法解释（二）》第 29 条的规定，当预约合同中约定的违约金数额与实际损失数额出入较大时，当事人可请求法院或仲裁机构予以适当增加或减少，以期达到实质公平，其中实际损失的数额以及在当事人没有约定违约金数额的情形下可参照损害赔偿的范围予以确定。

《民法典》的颁布实施，并非一劳永逸地解决了民事法治建设的所有问题，仍然有许多问题需要在实践中检验、探索，并不断配套、补充、细化。加强同《民法典》相关联、相配套的法律法规制度建设，不断总结实践经验，修改完善相关法律法规和司法解释是法治建设的必然要求。[1]《民法典》第 495 条的规定虽然将预约合同法典化，但前半部分不足以界分和认定预约合同，后半部分不能清晰阐释预约合同违约救济问题，[2] 给预约合同的研究留下了很大空间。基于当前《民法典》第 495 条的规定，预约合同相关适用问题适以合同编的司法解释形式予以完善，从而形成我国特有的预约合同制度体系，具体构造如下：

1. 预约合同不具备本约合同所有必要条款，但当事人约定或本约需要特定形式或物之交付才能成立的除外。

2. 对于完全具备本约合同必要条款的预约合同，守约方请求对方订立合同的，人民法院应予支持，但不完全具备本约合同必要条款的预约合同、当事人另有约定或具有《民法典》第 580 条情形的除外。

3. 自预约合同生效之日起一年内，当事人请求对方履行预约合同义务的，人民法院应予支持。其间如发生情势变更或者不可抗力事由，适用《民法典》的相关规定。

4. 当事人一方不履行预约合同义务或者履行不符合约定，造成对方损失的，损失赔偿额应基于缔约过失责任相应提高，但不得超过本约合同的

[1] 习近平：《充分认识颁布实施民法典重大意义，依法更好保障人民合法权益》，载《求是》2020 年第 12 期。

[2] 陆青：《〈买卖合同司法解释〉第 2 条评析》，载《法学家》2013 年第 3 期。

履行利益。

5. 预约合同中若无标的额内容，定金金额可不受《民法典》第586条规定的限制，但应兼顾公平原则且考虑守约方实际遭受损失的情况，并参考违约金酌减的一般规则。

# 主要参考文献

## 一、中文著作


1. 陈吉生:《论缔约过失责任》，法律出版社 2012 年版。

2. 陈卫佐:《德国民法典》(第四版)，法律出版社 2015 年版。

3. 崔建远:《合同法总论》(上卷)(第二版)，中国人民大学出版社 2011 年版。

4. 崔建远:《合同法研究》，法律出版社 2016 年版。

5. 崔建远主编:《合同法》，法律出版社 2010 年版。

6. 傅静坤:《二十一世纪契约法》，法律出版社 1997 年版。

7. 韩世远:《合同法总论》，法律出版社 2008 年版。

8. 黄风:《罗马法词典》，法律出版社 2002 年版。

9. 黄立:《民法债编总论》，元照出版有限公司 2006 年版。

10. 黄茂荣:《债法总论》(第一册)，中国政法大学出版社 2003 年版。

11. 黄茂荣:《法学方法与现代民法》，法律出版社 2007 年版。

12. 梁慧星:《民法总论》，法律出版社 2007 年版。

13. 林诚二:《民法债编各论》(上)，中国人民大学出版社 2003 年版。

14. 孙宪忠:《物权法》，社会科学文献出版社 2011 年版。

15. 马俊驹、余延满:《民法原论》(第四版)，法律出版社 2010 年版。

16. 冉克平:《强制缔约制度研究》，中国社会科学出版社 2010 年版。

17. 史尚宽:《债法总论》，中国政法大学出版社 2000 年版。

18.《司法解释适用指南》编写组编:《商品房买卖合同司法解释适用指南》，中国法制出版社 2006 年版。

19. 孙森焱:《民法债编总论》(上)，三民书局 1999 年版。

20. 唐晓晴:《预约合同法律制度研究》，澳门大学法学院 2004 年版。

21. 唐晓晴:《葡萄牙民法典》，北京大学出版社 2009 年版。

22. 王洪亮:《债法总论》，北京大学出版社 2016 年版。

23. 王利明:《违约责任论》，中国政法大学出版社 2000 年版。

24. 王利明、杨立新、王轶、程啸:《民法学》(第四版)，法律出版社 2014 年版。

25. 王利明:《合同法研究》，中国人民大学出版社 2011 年版。

26. 王利明、崔建远:《合同法新论・总则》，中国政法大学出版社 1996 年版。

27. 王泽鉴:《民法总则》，三民书局 2000 年版。

28. 王泽鉴:《债法原理》，中国政法大学出版社 2001 年版。

29. 吴颂明:《预约合同研究》，载梁慧星主编:《民商法论丛》(第 17 卷)，法律出版社 1995 年版。

30. 徐国栋:《绿色民法典草案》，社会科学文献出版社 2004 年版。

31. 杨桢:《英美契约法论》(第四版)，北京大学出版社 2007 年版。

32. 尹田:《法国现代合同法》，法律出版社 2009 年版。

33. 余延满:《合同法原论》，武汉大学出版社 1999 年版。

34. 曾世雄:《损害赔偿法原理》，中国政法大学出版社 2001 年版。

35. 张文显:《法理学》，法律出版社 2007 年版。

36. 张玉卿:《国际统一私法协会国际商事合同通则 2010》，中国商务出版社 2012 年版。

37. 郑玉波:《民法债编总论》，陈荣隆修订，中国政法大学出版社 2004 年版。

38. 王泽鉴:《民法学说与判例研究》(第一册),中国政法大学出版社 2000 年版。

39. 周枏:《罗马法原论》,商务印书馆 2004 年版。

40. 张广兴:《合同法总则》(下),法律出版社 1999 年版。

41. 最高人民法院编写组编:《买卖合同司法解释适用解答》,人民法院出版社 2012 年版。

42. 最高人民法院民事审判第一庭编著:《最高人民法院关于审理商品房买卖合同纠纷案件司法解释的理解与适用》,人民法院出版社 2003 年版。

43. 最高人民法院民事审判第一庭编著:《最高人民法院关于审理商品房买卖合同纠纷案件司法解释的理解与适用》,人民法院出版社 2015 年版。

44. 最高人民法院民事审判第二庭编著:《最高人民法院关于买卖合同司法解释理解与适用》,人民法院出版社 2016 年版。

45. 最高人民法院中国应用法学研究所编:《人民法院案例选》,人民法院出版社 2009 年版。

46. 汤文平:《德国预约制度研究》,载《北方法学》2012 年第 1 期。

## 二、中文译著

1. [德] 茨威格特、克茨:《比较法总论》(上),潘汉典等译,中国法制出版社 2017 年版。

2. [德] 迪特尔·梅迪库斯:《德国债法分论》,杜景林、卢谌译,法律出版社 2007 年版。

3. [美] Harold J. Berman:《法律与革命——西方法律传统的形成》,高鸿钧等译,中国大百科全书出版社 1996 年版。

4. [美] A.L. 科宾:《科宾论合同》(一卷版),王卫国、徐国栋等译,中国大百科全书出版社 1997 年版。

5. [日] 铃木禄弥:《债权法讲义》(四订版),创文社,转引自梁慧星:《预约合同解释规则——买卖合同解释(法释〔2012〕8 号)第 2 条解读》,

载中国法学网。

6. [日] 我妻荣:《债权各论》(卷一)，徐进、李又又译，中国法制出版社 2008 年版。

7. [日]《最新日本民法》，渠涛译，法律出版社 2006 年版。

8. [意] 彼得罗·彭梵得:《罗马法教科书》，黄风译，中国政法大学出版社 1996 年版。

9. [意]《意大利民法典》，费安玲、丁玫译，中国政法大学出版社 1997 年版。

10. [法]《法国民法典》(下册)，黄道秀、罗结珍译，法律出版社 2005 年版。

11. [俄]《俄罗斯联邦民法典》，黄道秀译，中国大百科全书 1999 年版。

12. [瑞]《瑞士债法典》，吴兆祥、石佳友、孙淑妍译，法律出版社 2002 年版。

13. [奥]《奥地利普通民法典》，戴永盛译，中国政法大学出版社 2016 年版。

14. [美] 兰迪·E. 巴尼特《合同法：案例与原理》(第三版)，中信出版社 2003 年版。

## 三、中文论文

1. 白玉:《预约合同的法理及其应用》，载《东岳论丛》2009 年第 7 期。

2. 陈进:《德国法上框架合同理论的演变及其启示》，载《政治与法律》2013 年第 3 期。

3. 崔建远:《整体、基点、度》，载《民法九人行》(第二卷)，香港金桥文化出版有限公司 2004 年版。

4. 崔建远:《"担保"辨——基于担保泛化弊端严重的思考》，载《政治与法律》2015 年第 12 期。

5. 高桂林、刘文杰:《预约合同的性质初探》，载《石家庄经济学院学报》2013 年第 6 期。

6. 耿利航:《预约合同效力与违约救济的实证考察与应然路径》，载《法学研究》2016 年第 5 期。

7. 韩强:《论预约的效力与形态》，载《华东政法学院学报》2003 年第 1 期。

8. 胡冬冬、张洋:《违反预约的法律责任问题》，载《河北学刊》2008 年第 4 期。

9. 黄绍坤:《论强制履行作为预约违约的责任形式》，载《甘肃政法学院学报》2019 年第 6 期。

10. 李冬:《预约合同制度要义与立法构建》，载《求索》2012 年第 9 期。

11. 李开国、张铣:《论预约的效力及其违约责任》，载《河南省政法管理干部学院学报》2011 年第 4 期。

12. 刘承韪:《预约合同层次论》，载《法学论坛》2013 年第 6 期。

13. 刘俊臣:《合同预约若干法律问题初探》，载《法律适用》2002 年第 4 期。

14. 刘树凯:《论预约合同的理论基础与制度价值》，载《财经界·学术版》2011 年第 10 期。

15. 罗昆:《鼓励交易原则的反思与合理表达》，载《政治与法律》2017 年第 7 期。

16. 李贝:《定金功能多样性与定金制度的多样性选择》，载《法商研究》2019 年第 4 期。

17. 钱玉林:《预约合同初论》，载《甘肃政法学院学报》2003 年总第 69 期。

18. 沈伟、于宝露:《预约合同责任的“诚实信用进路”及法经济学解构》，载《苏州大学学报》2015 年第 1 期。

19. 沈志先、韩峰:《房产商违反预约合同的民事责任》，载《人民司法》2008 年第 6 期。

20. 孙瑞玺:《论违约金的性质——以〈合同法〉114条为视角》，载《法学杂志》2012年第4期。

21. 汤文平:《德国预约制度研究》，载《北方法学》2012年第1期。

22. 汤文平:《论预约在法教义学体系中的地位——以类型序列之建构为基础》，载《中外法学》2014年第4期。

23. 王洪:《要物合同的存与废——兼论我国〈民法典〉的立法抉择》，载《上海师范大学学报（哲学社会科学版）》2007年第4期。

24. 王建东、杨国锋:《预约合同的效力及判定——以商品房买卖预约合同为例》，载《浙江学刊》2011年第1期。

25. 王利明:《合同法的目标与鼓励交易》，载《法学研究》1996年第3期。

26. 王利明:《预约合同若干问题研究——我国司法解释相关规定述评》，载《法商研究》2014年第1期。

27. 王瑞玲:《预约、本约区分和衔接的主观解释论——兼对客观解释论商榷》，载《政治与法律》2016年第10期。

28. 王新、秦芳华:《论预约及其责任》，载《律师世界》1998年第4期。

29. 房绍坤、杜甲华:《论商品房预售合同的几个问题》，载《烟台大学学报（哲学社会科学版）》1998年第7期。

30. 宋晓明、张勇健、王闯:《〈关于审理买卖合同纠纷案件适用法律问题的解释〉的理解和适用》，载《人民司法》2012年第8期。

31. 吴从周:《论预约：探寻德国法之发展并综合分析台湾“最高法院”相关判决》，载《台大法学论丛》（第42卷特刊）2013年第11期。

32. 吴颂明:《预约合同研究》，载梁慧星主编:《民商法论丛》（第17卷），金桥文化出版2000年版。

33. 许德风:《意向书的法律效力问题》，载《法学》2007年第10期。

34. 习近平:《充分认识颁布实施民法典重大意义，依法更好保障人民合法权益》，载《求是》2020年第12期。

35. 徐蓬勇、陈海鸥:《本约合同签订后预约合同的效力认定》，载《人民法院报》2017 年 5 月 18 日，第 6 版。

36. 尤冰宁:《商品房认购合同的性质和效力》，载肖伟、博远平主编:《合同法案例精解》，厦门大学出版社 2004 年版。

37. 曾猛:《论预约合同的强制履行》，载《广西政法管理干部学院学报》2017 年第 1 期。

38. 张艳玲、白帮武:《预约合同相关问题探讨》，载《山东社会科学》2005 年第 2 期。

39. 赵秀梅:《违反预约合同损害赔偿范围研究》，载北京航空航天大学《民商法理论与方法论——第四届两岸民商法前言论坛论文集》，2014 年。

40. 赵自云:《商品房认购书若干法律问题探析》，载《福建法学》2006 年第 3 期。

41. 周江洪:《缔约过程中的磋商义务及其责任》，载《绍兴文理学院学报》2010 年第 6 期。

42. 翟远见:《〈合同法〉第 45 条（附条件合同）评注》，载《法学家》2018 年第 5 期。

## 四、外文文献

1. Alan Schwartz，Robert E. Scott，*Precontractual Liability and Preliminary Agreement*：*Fair Dealing and Failed Negotiations*，Harvard Law Review，volume 120，2017.

2. E. Allan Farnsworth，*Precontractual Liability and Preliminary Agreement*，Columbia Law Review，volume 87，1987.

3. A. M. Dugdale，N.V. Lowe，*Contracts to Contract and Contracts to Negotiate*，Journal of Business Law，1976.

4. George Winterton，*Is an "Agreement to Agree" Unenforceable*? Western Australian Law Review，volume 9，1969.

5. Barbara McDonald, Jane Swanton, *Contract Law–Agreements to "negotiate", "deal", "consult" or "confer" Australian Law Journal*, volume 66, 1992.

6. Charles Knapp, *Enforcing the Contract to Bargain*, New York University Law Review, volume 44, 1969.

7. Nadia E. Nedzel, *A Comparative Study of Good Faith, Fair Dealing, and Precontractual Liability*, Tulane European & Civil Law Forum, volume 21, 1997.

8. Joost Blom, *Judicial Law Reform in the Law of Contract*, University of British Columbia Law Review, volume 23, 1988.

9. Black's Law Dictionary, 5th edition, West Publishing Co., 1979, p.1060.

## 五、网址

1. 中国裁判文书网，http://wenshu.court.gov.cn。

2. 梁慧星:《预约合同解释规则——买卖合同解释（法释〔2012〕8号）第2条解读》，载中国法学网，http://www.iolaw.org.cn/showArticle.aspx?id=3462。

3. 陶玺:《预约合同的效力与违约救济问题研究》，载中国民商法律网，https://www.civillaw.com.cn/lw/l/? id=29377。

4. Mallozzi v. Carapelli S.P.A.（Italmotor）1976，http://www.justcite.com/Document/cYCZn0Gdn5Wca/mallozzi-v-carapelli-spa-italmotor.

5. 澳门特别行政区印务局，https://bo.io.gov.mo/bo/i/99/31/codcivcn/codciv0001.asp#a820。

# 后 记

本书是基于我的博士论文《预约合同研究》修改而成。遥想起博士论文的创作，往事历历在目。当时正值在美国留学，也是准备博士毕业的一年，除完成美国学校的所有课程外，还要撰写毕业论文，实感“压力山大”。记得有小半年时间每天早上 8 点开始码字上课，凌晨 4 点睡觉。中途却偏偏在回国预答辩返美时护照被盗，幸好罗昆教授联系了在芝加哥领事馆工作的陈浩老师帮忙，少跑了很多路，少操了很多心，节省了很多时间，在此向他们表示感谢。

虽然在美时间几乎用在学习上，但论文的写作依旧感觉很赶，临近毕业又准备申请博士后入站，在论文最后的修改阶段可以说停停顿顿、火急火燎。后来虽然通过了答辩，但心里还是有些许遗憾，未能尽善尽美。在一次与同学闲谈中，了解到中国法制出版社的“青蓝文库”专门针对博士学位论文征集出版，就萌生了通过这次机会将论文修改并出版的想法。

本书的修改得到了常鹏翱教授的帮助和指导，常老师待人诚挚、治学严谨，对预约合同很多问题有真知灼见，提出了不少宝贵的意见。后来得知常老师与唐晓晴教授为博士同窗好友，而唐晓晴教授的《预约合同法律制度研究》一书正是国内研究预约合同问题首屈一指的佳作，使我打开了视野。论文后续修改着重加强了与英美法预约合同的比较，有很多问题还专门请教了在美留学时的合同法老师 Reid 教授，在此一并向他们表示真挚的谢意。

本书的创作离不开我的博士生导师余延满教授的悉心指导。余老师学识渊博，治学严谨，分析问题鞭辟入里，每每遇到困惑向其请教时，余老师总能循循善导，启迪思想。在武大求学三年，有很长一段时间和余老师形影不离，建立了深厚的师生感情，余老师待我像亲人一样，在督促学习之余常常嘘寒问暖，深感师恩浩荡，没世难忘。

在读博和本书的写作过程中，师兄冉克平教授给予许多指导、鼓励和帮助；在美期间，师妹吕颖与博士帮忙收集资料，解答英文疑惑，不辞辛苦穿梭校园，奔波递交各种材料；师妹余亮亮博士深解余老师实意，在很多问题上给予探讨和指正……种种感激之情溢于言表，唯有铭记于心。

也要感谢孟勤国教授、陈本寒教授、张善斌教授、张素华教授在论文创作过程中给予的指导，感谢王瑾锦博士、韩旭至博士、任俊铭博士、胡骞博士、吴亦伟博士、汪源博士等诸多好友在文章创作期间给予的鼓励和关心。要特别感谢我的父母，含辛茹苦、无私付出，近几年明显感到时光在他们身上的印记，心里阵阵隐痛之余，常责备自己未尽孝心还时常让他们操心，希望父母安康永伴、幸福永随。也感谢爱人张蕾，从相识到现在，聚少离多，不离不弃，默默支持，希望自己早日立业撑起这个家。

“物有本末，事有始终。”本书的出版是对我博士阶段的总结，也是对以后学术研究的激励。文稿虽几经易稿，但难免会有瑕疵和疏漏，很多观点仍需推敲和斟酌，欢迎学界各位同仁批评指正。最后，感谢中国法制出版社提供的良好机会，感谢马颖老师、王雯汀老师等诸位老师对该书出版细致入微和不辞辛苦的工作。

范　硕

2020 年 8 月于丹江湖畔

图书在版编目（CIP）数据

预约合同制度的构建：基于《民法典》的时代背景 / 范硕
著 .—北京：中国法制出版社，2020.12
（青蓝文库）
ISBN 978-7-5216-1457-2

Ⅰ. ①预… Ⅱ. ①范… Ⅲ. ①合同法—研究—中国 Ⅳ. ① D923.64

中国版本图书馆 CIP 数据核字（2020）第 231425 号

策划编辑 马颖 王雯汀　　责任编辑 王雯汀　　封面设计 蒋 怡

预约合同制度的构建：基于《民法典》的时代背景
YUYUE HETONG ZHIDU DE GOUJIAN: JIYU《MINFADIAN》DE SHIDAI BEIJING

著 者 / 范硕
经 销 / 新华书店
印 刷 / 三河市紫恒印装有限公司
开 本 / 710 毫米 ×1000 毫米 16 开
印 张 / 12
字 数 / 172 千

版次：2020 年 12 月第 1 版 / 2020 年 12 月第 1 次印刷
书号：ISBN 978-7-5216-1457-2　　定价：49.00 元

北京西单横二条 2 号
邮政编码：100031　　传真：010-66031119
网址：http://www.zgfzs.com　　编辑部电话：010-66060794
市场营销部电话：010-66033393　　邮购部电话：010-66033288

（如有印装质量问题，请与本社印务部联系调换。电话：010-66032926）